Gustav Adolfs Page

Anonymous

Printed by CARL H. HEINTZEMANN, Boston, U. S. A.

INTRODUCTION.

If in this age of indiscriminate writing a book by a hitherto unknown author appears, a reader may well hesitate before taking it up. But when he learns that the author is a man almost past middle life, a man of ripe scholarship, of high aspirations, and — what is becoming rarer among us from day to day — of literary conscience, and when he knows that the volume was not sent out with the customary beating of drums and flourish of trumpets, but was left to make its own way in the estimation of the public, or to be forgotten, the attention of every lover of truth and of letters is arrested. Nor is it surprising that the first fruit of such a man should be a masterpiece. "Huttens Letzte Tage" by Conrad Ferdinand Meyer, first published in 1871, was not Meyer's first publication, for a volume of poems had preceded it by a few years; but it was the first that reached the public, — the first, moreover, in which Meyer had displayed his remarkable power of expression. Since then the great theme of nearly all his books has been a patriotic one: the hero battling for his fatherland.

It should be especially noticed that Meyer is a native of Switzerland, where he has always lived, with the exception of the time spent in foreign travel. Switzerland has borne a noble part in German literature. Every now and then, when affectation and artificiality threaten to corrupt public taste, when literary judgment in Germany appears to proceed from a few self-constituted dictators in the realm of æsthetics, a fresh breeze seems to blow from the Alps, and the atmosphere of fields and flowers again pervades the literature of Germany. It was Albrecht von Haller, who, although not personally engaged in the battles of the Gottsched with the Bodmer-Breitinger school, furnished in 'Die Alpen' the most formidable weapon to the latter. And in our own days, too, while hyper-sentimentalism and 'realism' are fighting their paper-battles, two men from Switzerland, Gottfried Keller and Conrad Ferdinand Meyer, urge by example, not with words, a return to nature. Gottfried Keller has completed his career, and it is easy to judge his literary character. Perhaps also it is not too soon to form a conclusive estimate of Meyer, for the compactness, truth, and even severity of his literary belief, compels us to expect that any succeeding work from his pen, at his advanced age, will fully harmonize in tone with those which we already possess.

Born at Zürich in 1825, Meyer prepared for the University at the Gymnasium of his native city, and then began the study of jurisprudence. Like Heine, Scheffel, and many others, he seems to have received from the study of law an aversion to its practice and at the same time an incentive to literature. But probably, as was the case with Scheffel, it was his work in legal archives that made him so fully capable of transporting himself into former times. Meyer undoubtedly possesses the rare art of confining himself essentially to the thought and speech of a bygone epoch, and of remaining at the same time thoroughly modern. In what this secret power consists, I shall not venture to discuss. Perhaps Meyer himself would be unable to render a true account of it. But among the outward secondary means to his end, it seems not insignificant that frequently he resigns the part of historian and puts his story into the mouth of a contemporary, thus leading us at once *in medias res*. The inestimable value of this technical finesse we may well study in Joseph Victor von Scheffel's 'Juniperus.'

'Gustav Adolfs Page' exhibits Meyer's aptitude for the historic novel in a very strong light. In fact, Meyer's talent seems to be confined solely to the historical novel and the epic. Indeed it may be said of him, in regard to his own recognition of the limitations of his genius, that

"In der Beschränkung zeigt sich erst der Meister."

This recognition is one merit more in these days, when many-sidedness is clamored for by multitude and critics. Friedrich Theodor Vischer found the most characteristic expression for Meyer's rough-hewn, plastic, and penetrating individuality, when he addressed him in a letter as "the Tacitus of the novel."

In making a school-edition of 'Gustav Adolfs Page,' I unfortunately found it necessary to take several liberties with the text, the greatest of which was the omission (from Chapter III.) of a remarkably vivid and picturesque episode, the suicide of the Slavonian "Soldatenmädchen" Corinna. It was also thought best to make the notes more copious than would seem to be warranted in a school-edition designed for advanced reading, in order that the present volume might serve the English-speaking student of German as a proper introduction to the large list of modern novels, headed by Scheffel's 'Ekkehard,' which revive or imitate the speech of former times. The main purpose of the notes is to explain all words and phrases not to be found in an ordinary German-English Lexicon and such as would easily be misunderstood in their signification. No originality can be claimed for the historical notes, which are collated from standard writers.

My thanks are due to Professor Alphonse N. van Daell of the Mass. Institute of Technology, and Professor Hans C. G. von Jagemann of Harvard University for valuable suggestions.

OTTO HELLER.

SAINT LOUIS, *February, 1893.*

Gustav Adolfs Page.

I.

In dem Kontor[1] eines unweit St. Sebald[2] gelegenen Nürnberger Patricierhauses saßen sich Vater und Sohn an einem geräumigen Schreibtische gegenüber, der Abwickelung eines bedeutenden Geschäftes mit gespanntester Aufmerksamkeit obliegend. Beide, jeder für sich auf seinem Stücke Papier, summierten sie dieselbe lange Reihe von Posten, um dann zu erwünschter Sicherheit die beiden Ergebnisse zu vergleichen. Der schmächtige Jüngling, der dem Vater aus den Augen geschnitten war,[3] erhob die spitze Nase zuerst von seinen zierlich geschriebenen Zahlen. Seine Addition war beendigt und er wartete auf den bedächtigeren Vater nicht ohne einen Anflug von Selbstgefälligkeit in dem schmalen sorgenvollen Gesichte — als ein Diener eintrat und ein Schreiben in großem Format mit einem schweren Siegel überreichte. Ein Kornett[4] von den schwedischen Karabinieren[5] habe es gebracht. Er beschaue sich[6] jetzt nebenan den Ratssaal mit den weltberühmten Schildereien[7] und werde pünktlich in einer Stunde sich wieder einfinden[8]. Der Handelsherr erkannte auf den ersten Blick die kühnen Schriftzüge der Majestät[9] des schwedischen Königs Gustav Adolf und erschrak ein wenig über die große Ehre des eigenhändigen Schreibens. Die Befürchtung lag nahe, der König, den er in seinem neuerbauten

Hause, dem schönsten von Nürnberg bewirtet und gefeiert hatte, möchte bei seinem patriotischen Gastfreunde ein Anleihen machen. Da er aber unermeßlich begütert war und die Gewissenhaftigkeit der schwedischen Rentkammer [1] zu schätzen wußte, erbrach er das königliche Siegel ohne sonderliche Besorgnis und sogar mit dem Anfange eines prahlerischen Lächelns. Kaum aber hatte er die wenigen Zeilen des in königlicher Kürze verfaßten Schreibens überflogen,[2] wurde er bleich wie über ihm die Stuccatur [3] der Decke, welche in hervorquellenden Massen und aufdringlicher Gruppe [4] die Opferung Isaaks durch den eigenen Vater Abraham darstellte. Und sein guter Sohn, der ihn beobachtete, erbleichte ebenfalls, aus der plötzlichen Entfärbung des vertrockneten Gesichtes auf ein großes Unheil ratend. Seine Bestürzung wuchs, als ihn der Alte über das Blatt weg mit einem wehmütigen Ausdrucke väterlicher Zärtlichkeit betrachtete. „Um Gottes willen," stotterte der Jüngling, „was ist es, Vater?" Der alte Leubelfing, denn diesem vornehmen Handelsgeschlechte [5] gehörten die beiden an, bot ihm das Blatt mit zitternder Hand. Der Jüngling las:

Lieber Herr!

Wissend und Uns wohl erinnernd, daß der Sohn des Herrn den Wunsch nährt,[6] als Page bei Uns einzutreten, melden hiermit, daß dieses heute geschehen und völlig werden mag,[7] dieweil [8] Unser voriger Page, der Max Beheim seliger [9] † (mit nachträglicher Ehrenmeldung [10] des vorvorigen,[11] Utzen Volkamers seligen †, und des fürdervorigen,[12] Götzen Tuchers seligen †) heute bei währendem Sturme [13] nach beiden [14] ihme von einer

Stückkugel abgerissenen Beinen in Unsern Armen sänftiglich[1] entschlafen ist. Es wird Uns zu besonderer Genugthuung gereichen, wieder Einen aus der evangelischen Reichsstadt Nüremberg,[2] welcher Stadt Wir fürnehmlich[3] gewogen sind, in Unsern nahen Dienst zu nehmen. Eines guten Unterhaltes und täglicher christlicher Vermahnung seines Sohnes kann der Herr[4] gewiß sein.

Des Herrn wohl affectionierter[5]
Gustavus Adolphus Rex.[6]

„O du meine Güte,"[7] jammerte der Sohn, ohne sein zages Herz[8] vor dem Vater zu verbergen, „jetzt trage ich meinen Totenschein[9] in der Tasche und Ihr, Vater — mit dem schuldigen Respekt gesprochen[10] — seid die Ursache meines frühen Hinscheidens, denn wer als Ihr[11] könnte dem Könige eine so irrtümliche Meinung von meinen Wünschen und Begehren beigebracht haben? Daß Gott erbarm'!"[12] und er richtete seinen Blick aufwärts zu dem gerade über ihm schwebenden Messer des gipsenen[13] Erzvaters.

„Kind, du brichst mir das Herz!" versetzte der Alte mit einer kargen Thräne. „Vermaledeit[14] sei das Glas Tokayer,[15] das ich zuviel getrunken —"

„Vater," unterbrach ihn der Sohn, der mitten im Elend den Kopf wo nicht oben, doch klar behielt,[16] „Vater, berichtet mir, wie sich das Unglück ereignet hat." „August," beichtete der Alte mit Zerknirschung, „du erinnerst dich an die große Gasterei,[17] die ich dem Könige bei seinem ersten Einzuge gab. Sie kam mich teuer zu stehen[18] —"

„Dreihundertneunundneunzig Gulden[1] elf Kreuzer,[2] Vater, und ich habe nichts davon gekostet,“ bemerkte der Junge weinerlich, „denn ich hütete[3] die Kammer mit einer nassen Bausche[4] über dem Auge.“ Er wies auf sein rechtes. „Die Gustel,[5] der Wildfang,[6] halb unsinnig und närrisch vor Freude, den König zu sehen, hatte mir den Federball ins Auge geschmissen,[7] da gerade ein Trompetenstoß schmetterte und sie glauben ließ, der Schwede halte Einzug. Aber redet, Vater —“

„Nach abgetragenem Essen[8] bei den Früchten und Kelchen erging ein Sturm von Jubel oben durch den Saal und unten über den Platz[9] durch das Kopf an Kopf versammelte Volk. Alle wollten sie den König sehen. Humpen[10] dröhnten, Gesundheiten wurden bei offenen Fenstern ausgebracht[11] und oben und unten bejauchzt. Dazwischen schreit eine klare, durchdringende Stimme: „Hoch[12] Gustav, König von Deutschland!“ Jetzt wurde es mäuschenstill, denn das war ein starkes Ding.[13] Der König spitzte die Ohren und strich sich den Zwickel.[14] „Solches darf ich nicht hören,“ sagte er. „Ich bringe ein Hoch[15] der evangelischen Reichsstadt Nürnberg!“ Nun bricht erst der ganze Jubel aus. Stücke werden auf dem Platze gelöst,[16] alles geht drüber und drunter![17] Nach einer Weile drückt mich die Majestät von ungefähr in eine Ecke.[18] „Wer hat den König von Deutschland hoch leben lassen,[19] Leubelfing?“ fragte er mich unter der Stimme.[20] Nun sticht mich alten betrunkenen Esel die Prahlsucht“[21] — Leubelfing schlug sich vor die Stirn, als klage er sie an, ihn nicht besser beraten zu haben —„und ich antworte: „Majestät, das that mein Sohn, der August.

Dieser spannt Tag und Nacht darauf,[1] als Page in Euren Dienst zu treten." Trotz meines Rausches wußte ich, daß der königliche Leibdienst von Götz Tucher versehen wurde[2] und der Bürgermeister Volkamer nebst dem Schöppen[3] Beheim ihre Buben als Pagen empfohlen hatten. Ich sagte es auch nur, um hinter meinen Nachbarn, dem alten Tucher und dem Großmaul, dem Beheim, nicht zurückzubleiben. Wer konnte denken, daß der König die ganze Nürnberger Ware in Baiern verbrauchen würde —"

„Aber, hätte der König[4] mich mit meinem blauen Auge holen lassen?"

„Auch das war vorbedacht, August! Der verschmitzte Spitzbube, der Charnacé,[5] lärmte im Vorzimmer. Schon dreimal hatte er sich melden lassen und war nicht mehr abzutreiben. Der König ließ ihn dann eintreten und hudelte[6] den Ambassadeur vor uns Patriciern, daß einem deutschen Mann das Herz im Leibe lachen mußte.[7] Nichts von alledem hatte ich in der Geschwindigkeit unerwogen gelassen —"

„So viel und so wenig Weisheit, Vater!" seufzte der Sohn.

Dann steckten die beiden die Köpfe zusammen, um eine Remedur[8] zu suchen, wie sie es nannten, jetzt unter der Stimme flüsternd, welche sie vorher in ihrer Aufregung, uneingedenk der im Nebenzimmer hantierenden[9] Angestellten und Lehrlinge, zu dämpfen vergessen hatten. Aber sie fanden keinen Rat und ihre Gebärden wurden immer ängstlicher und peinlicher, als im Gange[10] draußen ein markiger Alt das Leiblied[11] Gustav Adolfs anstimmte:

„Verzage nicht, du Häuflein klein,
Ob auch die Feinde willens sein,
Dich gänzlich zu zerstören!“ [1]

und ein tannenschlankes[2] Mädchen mit lustigen Augen, kurzgeschnittenen Haaren, knabenhaften Formen und ziemlich reitermäßigen Manieren[3] eintrat.

„Willst du uns die Ohren zersprengen, Base?“ zankten die beiden Leubelfinge. Sie, das trübselige Paar musternd,[4] erwiderte: „Ich komme Euch zum Essen zu rufen. Was hat's gegeben, Herr Ohm und Herr Vetter? Ihr habt ja beide ganz bleiche Nasenspitzen!“ Der zwischen den Hilflosen liegende Brief, den das Mädchen ohne weiteres[5] ergriff, und als sie die kräftig hingeworfene Unterschrift des Königs gelesen, mit leidenschaftlichen Augen verschlang,[6] erklärte ihr den Schrecken. „Zu Tische, Herren!“ sagte sie und schritt den beiden voran in das Speisezimmer. Hier aber ging es dem gutherzigen Mädchen selber nahe,[7] wie den Leubelfingen jeder Bissen im Munde quoll.[8] Sie ließ abtragen,[9] setzte ihren Stuhl zurück, kreuzte die Arme, und ließ, horchend und nachdenkend, den ganzen verfänglichen Handel sich vortragen; denn sie schien vollständig zum Hause zu gehören und sich darin mit ihrem kecken Wesen eine entschiedene Stellung erobert zu haben.

Die Leubelfinge erzählten. „Wenn ich denke,“ [10] sagte dann das Mädchen mutig, „wer es war, der das Hoch auf den König ausbrachte!“[11]

„Wer denn?“ fragten die Leubelfinge, und sie antwortete: „Niemand anders als ich.“

„Hol' dich der Henker, Mädchen!“[1] grollte der Alte. „Gewiß hast du den blauen schwedischen Soldatenrock, den du dir im Schrank hinter deinen Schürzen aufhebst,[2] angezogen und dich in den Speisesaal an deinen Götzen hinangeschlichen, statt dich züchtig unter den Weibern zu halten.“

„Sie hätten mir den hintersten Platz gegeben,“ versetzte das Mädchen zornig, „die kleine Hallerin,[3] die große Holzschuherin, die hochmütige Ebnerin, die schiefe Geuderin, die alberne Cresserin, tutte quante,[4] die dem Könige das Geschenk unserer Stadt, die beiden silbernen Trinkschalen, die Himmelskugel und die Erdkugel, überreichen durften.“

„Wie kann ein schamhaftes Mädchen, und das bist du, Gustel, es nur über sich bringen,[5] Männertracht zu tragen!“ maulte[6] der zimperliche[7] Jüngling.

„Das heißt,“[8] erwiderte das Mädchen ernst, „die Tracht meines Vaters, wo noch neben der Brusttasche das gestopfte Loch sichtbar ist, das der Degen des Franzosen gerissen hat. Ich brauche nur einen schrägen Blick zu thun“[9] — sie that ihn, als trüge sie die väterliche Tracht — „so sehe ich den Riß und es wirkt wie eine Predigt. Dann,“ schloß sie, aus dem Ernst nach ihrer Art in ein Lachen überspringend, „wollen mir die Weiberröcke auch gar nicht sitzen.[10] Kein Wunder, daß sie mich schlecht kleiden,[11] bin ich doch[12] bis fast in mein sechzehntes Jahr mit dem Vater und der Mutter in kurzem Habit zu Rosse gesessen.“

„Liebe Base,“ jammerte der junge Leubelfing nicht ohne eine Mischung[13] von Zärtlichkeit, „seit dem Tode deines Vaters bist du hier wie das Kind des Hauses gehalten, und nun hast du mir das eingebrockt![1] Du lieferst[2] deinen leibhaftigen Vetter wie ein Lamm auf die Schlachtbank! Der Utz wurde durch die Stirn geschossen, der Götz durch den Hals!" Ihn überlief eine Gänsehaut.[3] „Wenn du mir wenigstens einen guten Rat wüßtest, Base!"

„Einen guten Rat," sagte sie nachdrücklich, „den will ich dir geben: halte dich wie[4] ein Nürnberger, wie ein Leubelfing!"

„Ein Leubelfing!" giftelte[5] der alte Herr. „Muß denn jeder Nürnberger und jeder Leubelfing ein Raufbold sein, wie der Rupert, dein Vater, Gott hab' ihn selig,[6] der mich, den Ältern, er ein Zehnjähriger, auf einem Leiterwagen entführte, umwarf, heil blieb und mir zwei Rippen brach? Welche Laufbahn! Mit Fünfzehn[7] zu den Schweden durchgegangen, mit Siebzehn eine Fünfzehnjährige vor der Trommel[8] geheiratet, mit Neunzehn in einem Raufhandel[9] das Zeitliche gesegnet!"[10]

„Das heißt," sagte das Mädchen, „er fiel für die Ehre meiner Mutter —"

„Weißt du mir keinen Rat, Guste?" drängte der junge Leubelfing. „Du kennst den schwedischen Dienst und die natürlichen Fehler,[11] die davon frei machen. Worauf kann ich mich bei dem Könige gültig ausreden?[12]

Sie brach in ein tolles Gelächter aus. „Wir wollen dich," sagte sie, „wie den jungen Achill[13] im Bildwerk[14] am Ofen dort unter die Mädchen stecken, und wenn der listige Ulysses vor ihnen das Kriegszeug ausbreitet, wirst du nicht auf ein Schwert losspringen."[15]

„Ich gehe nicht!“ erklärte der durch diese mythologische Gelehrsamkeit Geärgerte. „Ich bin nicht die Person, welche der Vater dem Könige geschildert hat.“ Da fühlte er sich an seinen beiden dünnen Armen gepackt. Ihm den linken klaubend,[1] zeterte[2] der alte Leubelfing: „Willst du mich ehrwürdigen Mann dem Könige als einen windigen[3] Lügner hinstellen?“ Das Mädchen aber, den rechten Arm des Vetters drückend, rief entrüstet: „Willst du mit deiner Feigheit den braven[4] Namen meines Vaters entehren?“

„Weißt du was,“[5] schrie der Gereizte, „gehe du als Page zu dem König! Er wird, bubenhaft[6] wie du aussiehst und dich beträgst, das Mädchen in dir ebenso wenig vermuten, als der Ulysses am Ofen, von dem du fabelst,[7] in mir den Buben erraten hätte! Mach' dich auf zu deinem Abgott und bet' ihn an! Am Ende,“[8] fuhr er fort, „wer weiß, ob du das nicht schon lange in dir trägst? Träumest du doch[9] von dem Schwedenkönig, mit welchem du als Kind in der Welt herumgefahren bist, wachend und schlafend. Als ich vorgestern auf meine Kammer ging, an der deinigen vorüber, hörte ich deine Traumstimme schon von weitem. Ich brauchte wahrlich mein Ohr nicht ans Schlüsselloch zu halten. „Der König! Wache heraus![10] Präsentiert Gewehr!“ Er ahmte das Commando[11] mit schriller Stimme nach.

Die Jungfrau wandte sich ab. Eine Purpurröte war ihr in Wangen und Stirne geschossen. Dann zeigte sie wieder die warmen hellbraunen Augen und sprach: „Nimm dich in acht![12] Es könnte dahin kommen,[13] wäre es nur, damit der Name Leubelfing nicht von lauter Memmen[14] getragen wird!“

Das Wort war ausgesprochen und ein kindischer Traum hatte Gestalt gewonnen als ein dreistes aber nicht unmögliches Abenteuer. Das väterliche Blut lockte. Des Mutes und der Verwegenheit war ein Überfluß. Aber die maidliche[1] Scham und Zucht — der Vetter hatte wahrhaftes Zeugnis abgelegt[2] — und die Ehrfurcht vor dem Könige thaten Einspruch. Da ergriff sie der Strudel des Geschehens[3] und riß sie mit sich fort.

Der schwedische Kornett,[4] welcher das Schreiben des Königs gebracht hatte und den neuen Pagen ins Lager führen sollte, meldete sich. Statt in die grauen Mauerbilder Meister Albrechts[5] hatte er sich in eine lustige Weinstube und in einen goldgefüllten grünen Römer[6] vertieft, ohne jedoch den Glockenschlag zu überhören.[7] Der alte Leubelfing, in Todesangst um seinen Sohn und um seine Firma,[8] machte eine Bewegung, die Kniee seiner Nichte zu umfangen, nicht anders als um den Körper seines Sohnes bittend der greise Priamus die Kniee Achills umarmte, während der junge Leubelfing an allen Gliedern zu schlottern begann. Das Mädchen machte sich mit einem krampfhaften Gelächter los und entsprang durch eine Seitenthür gerade einen Augenblick ehe sporenklirrend[9] der Kornett eintrat, ein Jüngling, dem der Mutwille und die Lebenslust aus den Augen sprühte, obwohl er in der strengen Zucht seines Königs stand.

Auguste Leubelfing wirtschaftete[10] hastvoll, wie berauscht in ihrer Kammer, packte einen Mantelsack, warf sich eilfertig in die Kleider ihres Vaters, die ihrem schlanken und knappen Wuchs wie angegossen saßen[11] und dann auf die Kniee zu einem kurzen

Stoßseufzer,[1] um Vergebung und Begünstigung des Abenteuers betend.

Als sie wieder den untern Saal betrat, rief ihr der Kornett entgegen: „Rasch, Herr Kamerad! Es eilt![2] Die Rosse scharren! Der König erwartet uns! Nehmt Abschied von Vater und Vetter!“ und er schüttete mit einem Zug den Inhalt des ihm vorgesetzten Römers[3] hinter seinen feinen Spitzenkragen.

Der in schwedische Uniform gekleidete Scheinjüngling[4] neigte sich über die vertrocknete Hand des Alten, küßte sie zweimal mit Rührung und wurde von ihm dankbar gesegnet; dann aber plötzlich in eine unbändige Lustigkeit übergehend, ergriff der Page die Rechte des jungen Leubelfing, schwang sie hin und her und rief: „Lebt wohl, Jungfer[5] Base!“ Der Kornett schüttelte sich vor Lachen: „Hol' mich, straf' mich[6] — was der Herr Kamerad für Späße vorbringt! Mit Gunst und Verlaub,[7] mir fiel es gleich ein:[8] das reine alte Weib,[9] der Herr Vetter! in jedem Zug, in jeder Gebärde, wie sie bei uns in Finnland singen:

Ein altes Weib auf einer Ofengabel ritt —

Hol' mich, straf' mich!“ Er entführte[10] mit einem raschen Handgriff dem aufwartenden Stubenmädchen das Häubchen und stülpte[11] es dem jungen Leubelfing auf den von sparsamen Flachshaaren umhangenen Schädel. Die spitzige Nase und das rückwärts fliehende[12] Kinn vollendeten das Profil eines alten Weibes.

Jetzt legte der leichtbezechte[13] Kornett seinen Arm vertraulich in den des Pagen. Dieser aber trat einen Schritt zurück und sprach, die Hand auf dem Knopfe des Degens: „Herr Kamerad! Ich bin ein Freund der Reserve und ein Feind naher Berührung!"

„Potz!"[1] sagte dieser, stellte sich aber seitwärts und gab dem Pagen mit einer höflichen Handbewegung den Vortritt. Die zwei Wildfänge rasselten die Treppe hinunter.

Lange noch ratschlagten die Leubelfinge. Daß für den jungen, welcher seine Identität eingebüßt hatte, des Bleibens in Nürnberg nicht länger sei,[2] war einleuchtend. Schließlich wurden Vater und Sohn einig. Dieser sollte einen Zweig des Geschäftes nach Kursachsen,[3] und zwar nach der aufblühenden Stadt Leipzig verpflanzen, nicht unter dem verscherzten[4] patricischen Namen, sondern unter dem plebejischen „Laubfinger," nur auf kurze Zeit, bis der jetzige August von Leubelfing neben dem Könige vom Roß auf ein Schlachtfeld und in den Tod gestürzt sei, welches Ende nicht werde auf sich warten lassen.[5]

Als nach einer langen Sitzung der Vertauschte sich erhob und seinem Bild im Spiegel begegnete, trug er über seinen verstörten Zügen noch das Häubchen, welches ihm der schwedische Taugenichts[6] aufgesetzt hatte.

II.

„Höre, Page Leubelfing! Ich habe ein Hühnchen mit dir zu pflücken.[1] Wenn du mit deinen flinken Fingern in den dringendsten Fällen dem Könige meinem Herrn eine aufgehende[2] Naht seines Rockes zunähen oder einen fehlenden Knopf ersetzen würdest, vergäbest du deiner Pagenwürde nicht das Geringste.[3] Hast du denn in Nürnberg Mütterchen oder Schwesterchen[4] nie über die Schulter auf das Nähkissen geschaut? Ist es doch eine leichte Kunst, welche dich jeder schwedische Soldat lehren kann. Du rümpfst die Stirne,[5] Unfreundlicher? Sei artig und folgsam! Sieh da mein eigenes Besteck![6] Ich schenk' es dir."

Und die Brandenburgerin,[7] die Königin von Schweden, reichte dem Pagen Leubelfing ein Besteck von englischer Arbeit mit Zwirn, Fingerhut, Nadel und Schere. Dem Könige aus eifersüchtiger Zärtlichkeit überallhin nachreisend, hatte sie ihn mitten in seinem unseligen Lager bei Nürnberg, wo er einen in dasselbe eingeschlossenen, vom Kriege halb verwüsteten Edelsitz[8] bewohnte, mit ihrem kurzen Besuche überrascht. In den widerstrebenden Händen des Pagen öffnete sie das Etui,[9] hob den silbernen Fingerhut heraus und steckte denselben dem Pagen an mit den holdseligen Worten: „Ich binde dir's aufs Gewissen,[10] Leubelfing, daß mein Herr und König stets propre[11] und vollständig einhergehe."

„Den Teufel scher' ich mich um[1] Nähte und Knöpfe, Majestät," erwiderte Leubelfing unmutig errötend, aber mit einer so drolligen Miene und einer so angenehm markigen Stimme, daß die Königin sich keineswegs beleidigt fühlte, sondern mit einem herablassenden Gelächter den Pagen in die Wange kniff. Diesem tönte das Lachen hohl und albern, und der Reizbare empfand einen Widerwillen gegen die erlauchte Fürstin, von welchem diese gutmütige Frau keine Ahnung hatte.

Doch auch der König, welcher auf der Schwelle des Gemaches den Auftritt belauscht hatte, brach jetzt in ein herzliches Gelächter aus, da er seinen Pagen mit dem Raufdegen[2] an der linken Hüfte und einem Fingerhut an der rechten Hand erblickte. „Aber Gust,"[3] sagte er dann, „du schwörst ja wie ein Papist oder Heide! Ich werde an dir zu erziehen haben."[4]

Wie hätte Gustav Adolf, welcher — ohne Abbruch[5] der militärischen Strenge — jeden seiner Leute, auch den Geringsten, mit menschlichem Wohlwollen behandelte, dieses einem gutgearteten Jüngling von angenehmer Erscheinung versagt, der unter seinen Augen lebte und nicht von seiner Seite weichen durfte. Und einem unverdorbenen Jüngling, der bei dem geringsten Anlaß nicht anders als ein Mädchen bis unter das Stirnhaar errötete![6] Auch vergaß er es dem jungen Nürnberger nicht, daß dieser an jenem folgenschweren[7] Bankett ihn als den „König von Deutschland" hatte hoch leben lassen,[8] den möglichen ruhmreichen Ausgang seines heroischen Abenteuers in eine kühne prophetische Formel[9] fassend.

Eine zärtliche und wilde, selige und ängstliche Fabel[10] hatte der Page schon neben seinem Helden durchgelebt, ohne daß der arglose König eine Ahnung dieses verstohlenen Glückes gehabt hätte. Berauschende Stunden, gerade nach vollendeten achtzehn unmündigen Jahren beginnend und diese[1] auslöschend wie die Sonne einen Schatten! Eine Flucht[2] süßer und stolzer Gefühle, quälender Befürchtungen, verhehlter Wonnen, klopfender Pulse, beschleunigter Atemzüge, soviel nur[3] eine junge Brust fassen und ein leichtsinniges Herz genießen kann in der Vorstunde[4] einer tötenden Kugel oder am Vorabend einer beschämenden Entlarvung!

Als der Junker[5] August Leubelfing von dem Kornett dem Könige vorgestellt wurde, hatte der Beschäftigte kaum einen Augenblick gefunden, seinen neuen Pagen flüchtig ins Auge zu fassen.[6] So wurde dieser einer frechen Lüge überhoben.[7] Gustav Adolf war im Begriff sich auf sein Leibroß[8] zu schwingen, um den zweiten fruchtlosen Sturm auf die uneinnehmbare Stellung des Friedländers[9] vorzubereiten. Er hieß den Pagen folgen und dieser warf sich ohne Zaudern auf den ihm vorgeführten Fuchs,[10] denn er war von jung an[11] im Sattel heimisch und hatte von seinem Vater, dem weiland[12] wildesten Reiter im schwedischen Heere, einen schlanken und ritterlichen Körper geerbt.

Tag um Tag — denn der König ermüdete nicht, den abgeschlagenen Sturm mit einer ihm sonst fremden Hartnäckigkeit zu wiederholen — ritt der Page ohne ein Gefühl der Furcht an seiner Seite. Jeder Augenblick konnte es bringen, daß er den tötlich Getroffenen in seinen Armen vom Rosse hob oder selbst tötlich verwundet in den Armen Gustav Adolfs ausatmete.[1] Wann[2] sie dann ohne Erfolg zurückritten, der König mit verdüsterter Stirn, so täuschte oder verbarg dieser seine Sorge, indem er den Neuling aufzog,[3] daß er den Bügel[4] verloren und die Mähne seines Thieres gepackt hätte. Oder er tadelte auch im Gegenteil seine Waghalsigkeit und schalt ihn einen Casse-Cou,[5] wie der Lagerausdruck[6] lautete.

Überhaupt ließ er es sich nicht verdrießen,[7] seinem Pagen gute väterliche Lehre zu geben und ihm gelegentlich ein wenig Christentum beizubringen.[8]

Der König hatte die löbliche und gesunde Gewohnheit, nach beendigtem Tagewerke die letzte halbe Stunde vor Schlafengehen zu vertändeln[9] und allerhand Allotria[10] zu treiben, jede Sorge mit geübter Willenskraft hinter sich werfend, um sie dann im ersten Frühlicht an derselben Stelle wieder aufzuheben. Und diese Gewohnheit hielt er auch jetzt und um so mehr fest, als die vereitelten Stürme und geopferten Menschenleben seine Pläne zerstörten, seinen Stolz beleidigten und seinem christlichen Gewissen zu schaffen machten.[11] In dieser späten Freistunde saß er dann behaglich in seinen Sessel zurückgelehnt und Page Leubelfing auf einem Schemel vor ihm. Da wurde Dame gezogen[12] oder Schach gespielt und im Brettspiele[13] schlug der Page zuweilen den König. Oder dieser, wenn er sehr guter Laune[14] war, erzählte harmlose Dinge, wie sie eben in seinem Gedächtnisse obenauf lagen. Zum Beispiel von der pompösen Predigt, welche er weiland[15] auf seiner Brautfahrt[16] nach Berlin in der Hofkirche gehört. Sie habe[17] das Leben einer Bühne verglichen: mit den Menschen als Schauspielern, den Engeln als Zuschauern, dem den Vorhang senkenden Tode als Regisseur.[1] Oder auch die unglaubliche Geschichte, wie man ihm, dem Könige, nach der Geburt seines Kindes anfänglich einen Sohn verkündigt und er selbst eine Weile sich habe betrügen lassen, oder von Festen und Kostümen, seltsamerweise meistens Geschichten, die ein Mädchen ebenso sehr oder mehr als einen Jüngling belustigen konnten, als empfände der getäuschte König, ohne sich Rechenschaft davon zu geben, die Wirkung des Betruges, welchen der Page an ihm verübte, und kostete unwissend den unter der Maske eines gutgearteten Jünglings spielenden Reiz eines lauschenden Weibes. Darüber befiel auch wohl[2] den Pagen eine plötzliche Angst. Er vertiefte seine Altstimme und wagte irgend eine männliche Gebärde. Aber ein nicht zu mißdeutendes[3] Wort oder eine kurzsichtige Bewegung des Königs gab dem Erschreckten die Gewißheit zurück, Gustav unterliege demselben Blendwerk[4] wie bei der Geburt seiner Christel.[5] Dann geriet der wieder sicher Gewordene wohl in eine übermütige Stimmung[6] und gab etwas so Verwegenes und Persönliches zum besten,[7] daß er sich eine Züchtigung zuzog. Wie jenesmal, da er nach einem warmen ehelichen Lobe der Königin im Munde Gustavs die kecke Frage hinwarf: wie denn die Gräfin Eva Brahe[8] eigentlich ausgesehen habe? Diese Jugendgeliebte[9] Gustavs und spätere Gemahlin De la Gardies, welchen sie, da ihr der tapferste Mann des Jahrhunderts entschlüpft war, als den zweittapfersten[10] heiratete, besaß dunkles Haar, schwarze Augen und scharfe Züge. Das erfuhr aber der neugierige Page nicht, sondern erhielt einen ziemlich derben Schlag mit der flachen Hand auf den vorlauten Mund, in dessen Winkeln Gustav die Lust zu einem mutwilligen Gelächter wahrzunehmen glaubte.

Es begab sich eines Tages, daß der König seiner Christel das Geschenk eines ersten Siegelringes machte. Auf den edeln Stein desselben sollte der Mode gemäß ein Denkspruch[1] eingegraben werden, eine Devise,[2] wie man es hieß, welche — im Unterschiede mit dem ererbten Wappenspruche[3] — etwas dem Besitzer des Siegels persönlich Eigenes, eine Maxime seines Kopfes, einen Wunsch seines Herzens, in nachdrücklicher Kürze aussprechen mußte, wie z. B. das ehrgeizige „Nondum"[4] des jungen Karls V. Gustav hätte wohl seinem Kinde selbst einen Leibspruch[5] erfunden, aber, wieder der Mode gemäß, mußte dieser lateinisch, italienisch oder französisch lauten.[6]

So suchte er denn, tief auf einen Quartband[7] gebückt, unter den tausend darin verzeichneten Sinnsprüchen berühmter oder witziger Leute mit seinen lichtgefüllten, doch kurzsichtigen Augen nach demjenigen, welchen er seiner erst siebenjährigen, aber frühreifen Christel bescheren wollte. Er belustigte sich an den lakonischen[8] Sätzen, welche das Wesen[9] ihrer Erfinder — meistenteils geschichtlicher Persönlichkeiten — oft richtig, ja schlagend ausdrückten, oft aber auch, gemäß der menschlichen Selbsttäuschung und Prahlerei, das gerade Gegenteil.

Jetzt wies ein feiner Finger mit einem scharfen schwarzen Schatten auf das hellbeleuchtete Blatt und eine Devise von unbekanntem Ursprung. Es war der über die Schultern des Königs guckende Page, die Devise aber lautete:[1] „Courte et bonne!“[2] Das heißt: Soll ich mir ein Leben wählen, so sei es ein kurzes und genußvolles! Der König las, sann einen Augenblick, schüttelte bedenklich den Kopf und zupfte über sich greifend seines Pagen wohlgebildeten Ohrlappen. Dann drückte er Leubelfing auf seinen Schemel nieder, in der Absicht, ihm eine kleine Predigt zu halten. „Gust Leubelfing,“ begann er lehrhaft behaglich,[3] den Kopf rückwärts in das Polster gedrückt, sodaß das volle Kinn mit dem goldhaarigen Zwickel[4] vorsprang und das schalkhafte Licht der halbgeschlossenen Augen auf das lauschend gehobene Antlitz des Pagen niederblitzte, „Gust Leubelfing, mein Sohn! Ich vermute, diesen fragwürdigen Spruch hat ein Weltkind erfunden, ein „Epikurer“,[5] wie Doktor Luther solche Leute nennt. Unser Leben ist Gottes. So dürfen wir es weder lang noch kurz wünschen, sondern wir nehmen es wie Er es giebt. Und gut? Freilich gut, das ist schlicht und recht. Aber nicht voll Rausches und Taumels wie der französische Spruch hier unzweifelhaft bedeutet. Oder wie hast du ihn verstanden, mein lieber Sohn?“

Leubelfing antwortete erst schüchtern und befangen, dann aber mit jeder Silbe freudiger und entschlossener: „Solchergestalt, mein gnädiger Herr:[6] Ich wünsche mir alle Strahlen meines Lebens in ein Flammenbündel[7] und in den Raum einer Stunde vereinigt, daß statt einer blöden Dämmerung ein kurzes, aber blendend helles Licht von Glück entstünde, um dann zu verlöschen wie ein zuckender Blitz.“ Sie hielt inne. Dem König schien dieser Stil und dieser „zuckende Blitz“ nicht zu gefallen, obgleich es die Lieblingsmetapher[1] des Jahrhunderts war. Er kräuselte spottend die feinen Lippen. Aber das noch ungesprochene rügende Wort unterbrechend, leidenschaftlich, hingerissen, rief der Page aus: „Ja, so möcht' ich![2] Courte et bonne!" Dann besann er sich plötzlich und fügte demütig bei: „Lieber Herr! Möglicherweise mißversteh' ich den Spruch. Er ist vieldeutig, wie die meisten hier im Buche. Eines aber weiß ich und das ist die lautere Wahrheit: wenn dich, mein liebster Herr, die Kugel, welche dich heute streifte" — er verschluckte das Wort — „Courte et bonne! hätte es geheißen, denn du bist ein Jüngling zugleich und ein Mann — und dein Leben ist ein gutes!"

Der König schloß die Augen und verfiel dann, tagesmüde[3] wie er war, in den Schlummer, den er erst heuchelte, um die Schmeichelei des Pagen nicht gehört zu haben oder wenigstens nicht zu beantworten.

So spielte der Löwe mit dem Hündchen und auch das Hündchen mit dem Löwen. Und als ob ein neckisches oder verderbliches Schicksal es darauf absehe,[4] dem verliebten Kinde seinen vergötterten Helden aufs innigste zu verbinden, ihm denselben in immer neuer Gestalt und in seinen tiefsten Empfindungen zeigend, ließ es den Pagen mit seinem Herrn auch den herbsten Schmerz teilen, welchen es giebt, den väterlichen.

Der König bediente sich Leubelfings, dem er das unbedingteste Vertrauen bewies, um die regelmäßig aus Stockholm anlangenden Briefe der Hofmeisterin seines Prinzeßchens[5] sich vorlesen und dann auch beantworten zu lassen. Diese Dame schrieb einen kritzlichen, schmalen Buchstaben[1] und einen breiten gründlichen Stil, so daß Gustav ihre umständlichen Schreiben meist gleich dem Pagen zuschob,[2] dessen rasche Augen und bewegliche Lippen die Zeilen einer Briefseite nicht weniger behende hinuntersprangen als seine jungen Füße die ungezählten Stufen einer Wendeltreppe. Eines Tages bemerkte Leubelfing in der Ecke des Briefumschlages das große S, womit man damals wichtige oder sekrete Schreiben zu bezeichnen pflegte, damit sie der Empfänger persönlich öffne und lese. Die Pageneigenschaften:[3] Neugierde und Keckheit überwogen. Leubelfing brach das Siegel und eine wunderliche Geschichte[4] kam zum Vorschein. Die Hofmeisterin des Prinzeßchens hatte — gemäß dem vom Könige selbst verfaßten und frühe Erlernung der Sprachen vorschreibenden Studienplane — an der Zeit gefunden,[5] der Christel einen Lehrer des Italienischen zu bestellen.[6] Die mit Umsicht vorgenommene[7] Wahl schien geglückt. Der noch junge Mann, ein Schwede von guter Abkunft, welcher sich auf langen Reisen weit in der Welt umgesehen hatte, vereinigte alle Vorzüge der Erscheinung und des Geistes, einen edelschlanken[8] Körperbau, einnehmende Gesichtszüge, eine feingewölbte[9] Stirn, ein gefälliges Betragen, eine befestigte Sittlichkeit, gleich weit entfernt von finsterer Strenge und lächerlicher Pedanterie, abeliges Ehrgefühl,[10] christliche Demut. Und die Hauptsache: ein echtes Luthertum,[11] welches, wie er selbst bekannte, erst in der[12] modernen Babilon angesichts der römischen Gräuel aus einer erlernten Sache ihm zu einer selbständigen und unerschütterlichen Überzeugung geworden sei. Die kühle und verständige Hofmeisterin wiederholte in jedem ihrer Briefe, dieser Jüngling habe es ihr angethan.[1] Auch die junge Prinzessin lernte frisch drauf los[2] mit ihrem aufgeweckten Kopf[3] und unter einem solchen Lehrer. Da ertappte die Hofmeisterin eines Tages die gelehrige und phantasiereiche Christel, wie sie, in einen Winkel geduckt, sich im Stillen damit vergnügte,[4] die Kugeln eines Rosenkranzes von duftendem Cedernholz herunterzubeten,[5] an denen sie von Zeit zu Zeit mit schnupperndem Näschen roch. „Ein reißender[6] Wolf im Schafskleide!“ schrieb die brave Hofmeisterin mit fünf Ausrufungszeichen. „Ich schlug die Hände über dem Kopf zusammen[7] und wurde zur weißen Bildsäule.“[8]

Auch Gustav Adolf erbleichte, im tiefsten erschüttert,[9] und seine großen blauen Augen starrten in die Zukunft. Er kannte die Gesellschaft Jesu.[10]

Der Jesuit war ins Gefängnis gewandert, und ihm stand nach dem drakonischen[11] schwedischen Gesetze eine Halsstrafe bevor,[12] wenn der König nicht Gnade vor Recht ergehen ließ.[13] Dieser aber befahl dem Pagen umgehend[14] an die Hofmeisterin zu schreiben: Mit dem Mädchen seien nicht viel Worte zu machen,[15] die Sache[16] als eine Kinderei zu behandeln; den Jesuiten schaffe man ohne Geschrei[17] und Aufsehen über die Grenze, „denn“ — so diktierte er Leubelfing — „ich will keinen Märtyrer machen. Der verblendete Jüngling mit seinem gefälschten[18] Gewissen ließe sich schlankweg[19] köpfen, um in die Purpurwolke der Blutzeugen aufgenommen zu werden und gen Himmel[20] zu fahren mitsamt seiner geheimen bösen Lust, das bildsame[21] Gehirn meines Kindes mißhandelt zu haben.“

Aber mehrere Tage lang ließ ihn „das Unglück und das Verbrechen“ — so nannte er das Attentat auf die Seele seines Kindes — nicht mehr los und er erging sich[1] in Gegenwart seines Lieblings, weit über Mitternacht, bis zum Erlöschen seiner Ampel,[2] rastlos auf- und niederschreitend, freilich eher im Selbst- als im Zwiegespräche,[3] über die Lüge, die Sophistik und die Verlarvungen[4] der frommen Väter, während sich der im Halbdunkel[5] sitzende Page entsetzt und zerknirscht an die klopfende junge Brust schlug und die leisen beschämenden Worte sich zurief: „Auch du bist eine Lügnerin, eine Sophistin, eine Verlarvte!“

Seit jenen nächtlichen Stunden ängstigte sich der Page furchtbar, bis zur Zerrüttung,[6] über seine Larve und sein Geschlecht. Der nichtigste[7] Umstand konnte die Entdeckung herbeiführen. Dieser Schande zu entgehen, beschloß der Ärmste[8] zehnmal im Abenddunkel oder in der Morgenfrühe, sein Roß zu satteln, bis an das Ende der Welt zu reiten, und zehnmal wurde er zurückgehalten durch eine unschuldige Liebkosung des Königs, der keine Ahnung hatte, daß ein Weib um ihn war. Leicht zu Mute wurde ihm nur[9] im Pulverdampfe. Da blitzten seine Augen und fröhlich ritt er der tödlichen Kugel entgegen, welche er herausforderte, seinen bangen Traum zu endigen. Und wenn der König hernach in seiner Abendstunde beim trauten Lichtschein seinen Pagen über einer Dummheit oder Unwissenheit ertappte, beim Kopfe kriegte[10] und ihm mit einem ehrlichen Gelächter durch das krause Haar fuhr, sagte sich dieser in herzlicher Lust und Angst erbebend: „Es ist das letztemal!“

So gewährte er sich immer eine neue Frist und genoß das höchste Leben mit der Hilfe des Todes.

Es war seltsam. Leubelfing fühlte es: auch der König lebte mit dem Tode auf einem vertrauten Fuße. Der Friedländer hatte den Angriff an sich gerissen [1] und den Eroberer in die unerträgliche Lage eines Weichenden, beinahe Flüchtigen gebracht. So legte der christliche Held sein Schicksal täglich, ja stündlich und fast herausfordernd in die Hände seines Gottes. Den Brustharnisch, welchen ihm der Page zu bieten pflegte, wies er beharrlich zurück unter dem Vorwand einer Schulterwunde, welche der anliegende Stahl drücke. Ein schmiegsames feines Panzerhemde,[2] wie die Klugen und Vorsichtigen es auf bloßem Leibe trugen, ein Meisterstück niederländischer Schmiedekunst,[3] langte an und die Königin schrieb dazu, sie hätte erfahren, der Friedländer trage ein solches, ihr Herr und Gemahl dürfe nicht schlechter beschirmt in den Kampf gehen. Dies feine Geschmiede [4] warf Gustav als eine Feigheit verächtlich in einen Winkel.

Einmal in der Stille der Nacht hörte Leubelfing, dessen Haupt von demjenigen des Königs nur durch die Wand getrennt war, sich dicht an dieselbe drückend, wie Gustav inbrünstig betete und seinen Gott bestürmte, ihn im Vollwerte [5] hinwegzunehmen, wenn seine Stunde da sei,[6] bevor er ein Unnötiger oder Unmöglicher werde. Zuerst quollen der Lauscherin die Thränen, dann erfüllte sie vom Wirbel zur Zehe [7] eine selbstsüchtige Freude, ein verstohlener Jubel, ein Sieg, ein Triumph über die Ähnlichkeit ihres kleinen mit diesem großen Lose, der dann mit dem albernen

Kindergedanken, eine gemeinsame Silbe beendige ihren Namen und beginne den des Königs, sich in Schlummer verlor.

Aber der Page träumte schlecht, denn er träumte mit seinem Gewissen. In den richtenden[1] Bildern, welche vor seinen Traumaugen aufstiegen, geschah es bald,[2] daß der König den Entdeckten mit flammendem Blick und verurteilender Gebärde von sich wies, bald verjagte ihn die Königin mit einem Besenstiel und den derbsten Scheltworten, wie die[3] gebildete Frau solche am Tage nie über die Lippen ließ, ja welche sie wohl gar nicht kannte.

Einmal träumte[4] dem Pagen, seine Fuchsstute[5] gehe mit ihm durch und rase durch eine nackte von einer zornigen Spätglut[6] gerötete Gegend einer Schlucht zu, der König setze ihm nach, er aber stürze vor den Augen seines Retters oder Verfolgers in die zerschmetternde Tiefe, von einem höllischen Gelächter umklungen.[7]

III.

Im Nebenzimmer wurde es lebendig von allerhand ungebührlich laut geführten Unterhaltungen und mit dem Schlage Neun trat der König, welchem Leubelfing die Flügelthür öffnete, unter die versammelten deutschen Fürsten und Herren.

Sie bildeten in dem engen Raume einen dichtgedrängten Kreis und mochten ihrer [1] fünfzig oder sechzig sein. Die Herrschaften [2] hielten sich nicht allzu ehrerbietig,[3] manche sogar nachlässig, als ob sie ebensowenig die Farbe der Scham als die Farbe der Furcht kannten: schlaue neben verwegenen, ehrgeizige neben beschränkten, fromme neben frechen Köpfen; die Mehrzahl[4] Leute, die ihren Mann stellten [5] und mit denen gerechnet werden mußte.[6] Links vom Könige hielt sich in bescheidener Haltung der Hauptmann Erlach, der eigentlich hier nichts zu suchen hatte.[7] Dieser Kriegsmann war unter die Fahnen Gustav Adolfs getreten,[8] als des gottesfürchtigsten Helden seiner Zeit, und hatte dem Könige oft bekannt, ihn jammere [9] der Sünden, die er hier außen [10] im Reiche [11] sehen müsse: Undank, Maske, Fallstrick, Intrigue, Kabale, verdecktes Spiel, verteilte Rollen, verwischte Spuren, Bestechung, Länderverkauf,[12] Verrat, lauter [13] in seinen helvetischen [14] Bergen vollständig unbekannte und unmögliche Dinge. Er hatte sich hier eingefunden,[15] vielleicht um seinem intimen Freunde, dem französischen Gesandten, welcher sich von seiner Sitteneinfalt [16] angezogen fühlte, etwas Neues erzählen zu können, worauf die Franzosen brennen,[1] wie sie nun einmal sind;[2] vielleicht auch nur, um zur Erbauung seiner Seele einem Sieg der Tugend über das Laster beizuwohnen. Er kniff seelenruhig die Augen[3] und wirbelte[4] die Daumen der gefalteten Hände. Diesem Tugendbilde[5] gegenüber, rechts vom Könige, stand die freche Sünde: der Lauenburger,[6] mit unruhigen Füßen in seiner reichsten Tracht und seinem kostbarsten Spitzenkragen, dämonisch lächelnd und die Augen rollend.

Gustav maß[7] die Versammlung mit einem verdammenden Blick. Dann brauste der Sturm. Seltsam — der König, gereizt durch den Widerspruch dieser stolzen Gesichter, dieser übermütigen Haltungen, dieser prunkenden Rüstungen mit dem Unadel[8] der darunter schlagenden Herzen, bediente sich, um den Hochmut zu erniedrigen und das Verbrechen zu brandmarken, absichtlich einer groben, ja bäurischen[9] Rede, wie sie ihm sonst nicht eigen war.[10]

„Räuber und Diebe seid ihr vom Ersten zum Letzten! Schande über euch! Ihr bestehlet eure Landsleute und Glaubensgenossen! Pfui!"[11] Mir ekelt vor euch![12] Das Herz gällt mir im Leibe![13] Für eure Freiheit habe ich meinen Schatz erschöpft — vierzig Tonnen Goldes — und nicht soviel von euch genommen um mir eine Reithose machen zu lassen! Euch schenkte ich, was mir in die Hände fiel, nicht einen Schweinestall hab' ich für mich behalten!"

Mit so derben und harten Worten beschimpfte der König diesen Adel.

Dann einlenkend,[1] lobte er die Bravour[2] der Herren, ihre untadelige Haltung auf dem Schlachtfelde und wiederholte mehrmals: „Tapfer seid ihr, ja, das seid ihr! Über euer Reiten und Fechten ist nicht zu klagen!"[3] ließ dann aber einen zweiten noch heftigeren Zorn aufflammen: „Rebelliert ihr gegen mich," forderte er sie heraus, „so will ich mich an der Spitze meiner Finnen und Schweden mit euch herumhauen, daß die Fetzen fliegen!"[4]

Er schloß dann mit einer christlichen Vermahnung und der Bitte, die empfangene Lehre zu beherzigen. Herr Erlach trocknete sich mit der Hand eine Thräne. Die Herren gaben sich die Miene,[5] es fechte sie nicht sonderlich an,[6] aber ihre Haltung war sichtlich eine bescheidenere geworden. Einige schienen ergriffen, ja gerührt. Das deutsche Gemüt erträgt eine grobe, redliche Schelte[7] besser, als eine lahme Predigt oder einen feinen schneidenden Hohn.

Insoweit wäre es nun gut und in der Ordnung gewesen. Da ließ der Lauenburger, halb gegen den König, halb gegen seine Standesgenossen[8] gewendet, in nackter Frechheit ein ruchloses Wort fallen:

„Wie mag Majestät über einen Dreck[9] zürnen? Was haben wir Herren verbrochen? Unsere Unterthanen erleichtert!"

Gustav erbleichte. Er winkte dem Generalgewaltigen,[10] der hinter der Thüre lehnte.

„Lege diesem Herrn deine Hand auf die Schulter!" befahl er ihm. Der Profoß[11] trat heran, wagte aber nicht zu gehorchen; denn der Fürst hatte den Degen aus der Scheide gerissen und ein gefährliches Gemurmel lief durch den Kreis.

Gustav entwaffnete den Lauenburger, stemmte die Klinge gegen den Fuß und ließ sie in Stücke springen. Dann ergriff er die breite behaarte Hand des Gewaltigen, legte und drückte sie selbst auf die Schulter des Lauenburgers, der wie gelähmt war, und hielt sie dort eine gute Weile fest, sprechend: „Du bist ein Reichsfürst, Bube, dir darf ich nicht an den Kragen,[1] aber die Hand des Henkers bleibe über dir!“

Dann wandte er sich und ging. Der Profoß folgte ihm mit gemessenen Schritten.

Den Pagen Leubelfing, welchen die enge stehenden Herrschaften in eine Fensternische gedrängt hatten, vor der eine schwere Damastdecke mit riesigen Quasten niederhing, hatte der Vorgang bis zu einem krampfhaften Lachen ergötzt. Die von seinem Helden gescholtenen Fürsten waren ihm wie die Personen einer Komödie erschienen, ungefähr wie ein Knabe mit Vergnügen und unterdrücktem Gelächter seinen Vater, in dessen Hut er sich weiß und dessen Ansehn und Macht er bewundert, einen pflichtvergessenen Knecht schelten hört. Bei der ersten Silbe aber, welche der Lauenburger aussprach, war er zusammengeschrocken[2] über die unheimliche Ähnlichkeit, welche die Stimme dieses Menschen mit der seinigen hatte. Derselbe Klang, dasselbe Mark und Metall. Und dieser Schreck wurde zum Grauen,[3] als jetzt, nachdem König Gustav sich entfernt hatte, der Lauenburger eine erkünstelte Lache aufschlug[4] und in die gellenden Worte ausbrach: „Er hat wie ein Stallknecht geschimpft, der schwedische Bauer! Donnerwetter,[5] haben wir den heute geärgert! Pereat Gustavus![6] Es lebe[7] die deutsche

Libertät![1] Machen wir ein Spielchen,[2] Herr Bruder, in meinem Zelt? Ich lasse ein Fäßchen Würzburger[3] anzapfen!" und er legte seinen rechten Arm in den linken der Fürstlichkeit,[4] die ihm zunächst stand. Dieser Herr aber zog seinen linken Arm höflich zurück und antwortete mit einer gemessenen Verbeugung: „Bedaure,[5] Euer Liebden. Bin schon versagt."

Sich an einen andern wendend, den Raugrafen,[6] lud der Lauenburger ihn mit noch lustigeren und dringlicheren Worten: „Du darfst es mir nicht abschlagen, Kamerad! Du bist mir noch Revanche schuldig!"[7] Der Raugraf aber, ein kurz angebundener Herr,[8] wandte ihm ohne weiteres[9] den Rücken. So oft er seine Versuche wiederholte, so oft wurde er, und immer kürzer und derber abgewiesen. Vor seinen Schritten und Gebärden bildete sich eine Leere und entfüllte sich[10] der Raum. Jetzt stand er allein in der Mitte des von allen verlassenen Gemaches. Ihm wurde deutlich, daß er fortan von Seinesgleichen[11] streng werde gemieden werden. Sein Gesicht verzerrte sich. Wütend ballte der Gebrandmarkte[12] die Faust und drohte, sie erhebend, dem Schicksal oder dem Könige. Was er murmelte, verstand der Page nicht, aber der Ausdruck des vornehmen Kopfes war ein so teuflischer, daß der Lauscher einer Ohnmacht nahe war.

IV.

In der Dämmerstunde desselben ereignisvollen Tages wurde dem Könige ein mit einem richtig befundenen Salvokondukt[1] versehener friedländischer Hauptmann gemeldet. Es mochte sich um die Bestattung der in dem letzten Zusammenstoße Gefallenen oder sonst um ein Abkommen handeln,[2] wie sie zwischen sich gegenüberliegenden Heeren getroffen werden.[3]

Page Leubelfing führte den Hauptmann in das eben leere Empfangszimmer, ihn hier zu verziehen[4] bittend; er werde ihn ansagen. Der Wallensteiner aber, ein hagerer Mann mit einem gelben verschlossenen Gesichte, hielt ihn zurück:[5] er ruhe gern einen Augenblick nach seinem raschen Ritte. Nachlässig warf er sich auf einen Stuhl und verwickelte den Pagen, der vor ihm stehen geblieben war, in ein gleichgültiges Gespräch.

„Mir ist,“[6] sagte er leichthin, „die Stimme wäre mir bekannt. Ich bitte um den Namen des Herrn.“ Leubelfing, der gewiß war, diese kalte und diktatorische Gebärde nie in seinem Leben mit Augen gesehen zu haben, erwiderte unbefangen: „Ich bin des Königs Page, Leubelfing von Nürnberg, Gnaden zu dienen.“[7]

„Eine kunstfertige Stadt,“ bemerkte der andere gleichgültig. „Thue mir[8] der junge Herr den Gefallen, diesen Handschuh — es ist ein linker — zu probieren. Man hat mir in meiner Jugend bei den Jesuiten, wo ich erzogen wurde, die demütige und dienstfertige Gewohnheit eingeprägt, die sich jetzt für meine[1] Hauptmannschaft nicht mehr recht schicken will,[1] verlorene und am Wege liegende Gegenstände aufzuheben. Das ist mir nun so geblieben."[2] Er zog einen ledernen Reithandschuh aus der Tasche, wie sie damals allgemein getragen wurden. Nur war dieser von einer ausnahmsweisen Eleganz und von einer auffallenden Schlankheit, so daß ihn wohl neun Zehntel der wallensteinischen oder schwedischen Soldatenhände hineinfahrend mit dem ersten Ruck aus allen seinen Nähten gesprengt hätten. „Ich hob ihn draußen von der untersten Stufe der Freitreppe."[3]

Leubelfing, durch den kurzen Ton und die befehlende Rede des Hauptmanns etwas gestoßen,[4] aber ohne jedes Mißtrauen, ergriff in gefälliger Höflichkeit den Handschuh und zog sich denselben über die schlanken Finger. Er saß wie angegossen.[5] Der Hauptmann lächelte zweideutig. „Er ist der Eurige," sagte er.

„Nein, Hauptmann," erwiderte der Page befremdet, „ich trage kein so feines Leder." „So gebt mir ihn zurück!" und der Hauptmann nahm den Handschuh wieder an sich.

Dann erhob er sich langsam von seinem Stuhl und verneigte sich, denn der König war eingetreten.

Dieser that einige Schritte mit wachsendem Erstaunen und seine starkgewölbten[6] strahlenden Augen vergrößerten sich. Dann richtete er an den Gast die zögernden Worte: „Ihr hier, Herr Herzog?" Er hatte den Friedländer nie von Angesicht gesehen, aber oft dessen überallhin verbreitete Bildnisse betrachtet, und der Kopf war so eigentümlich, daß man ihn mit keinem andern verwechseln konnte. Wallenstein bejahte mit einer zweiten Verneigung.

Der König erwiderte sie mit ernster Höflichkeit: „Ich grüße die Hoheit, und stehe zu Diensten.[1] Was wollet Ihr von mir, Herzog?" Er winkte den Pagen mit einer Gebärde weg.

Leubelfing flüchtete sich in seine anliegende Kammer, welche, ärmlich ausgerüstet, ein schmaler Riemen,[2] zwischen dem Empfangszimmer und dem Schlafgemach des Königs, dem ruhigsten des Hauses, lag. Er war erschreckt, nicht durch die Gegenwart des gefürchteten Feldherrn, sondern durch das Unheimliche[3] dieses späten Besuches. Ein dunkles Gefühl zwang ihn, denselben mit seinem Schicksale in Zusammenhang zu bringen.

Mehr von Angst als von Neugierde getrieben, öffnete er leise einen tiefen Schrank, aus welchem er — wenn es gesagt werden muß — durch eine Wandspalte[4] den König schon einmal — nur einmal — belauscht hatte, um ihn ungestört und nach Herzenslust zu betrachten. Daß sein Auge und abwechselnd sein Ohr jetzt die Spalte nicht mehr verließ, dafür sorgte der seltsame Inhalt des belauschten Gespräches.

Die sich gegenüber Sitzenden schwiegen eine Weile, sich betrachtend, ohne sich zu fixieren.[5] Sie wußten, daß, nachdem die das Schicksal Deutschlands bestimmende Schachpartie[6] mit vieldeutigen Zügen und verdeckten Plänen begonnen und sich auf allen Feldern verwickelt hatte, vor der entscheidenden, eine neue Lage der Dinge schaffenden[7] Schlacht das unterhandelnde Wort nicht am Platze und ein Übereinkommen unmöglich sei.

Diesem Gefühle gab der Friedländer Ausdruck. „Majestät," sagte er, „ich komme in einer persönlichen Angelegenheit." Gustav lächelte kühl und verbindlich. Der Friedländer aber begann:

„Ich pflege[1] im Bette zu lesen, wenn mich der Schlaf meidet. Gestern oder heute früh fand ich in einem französischen Memoirenwerke[2] eine unterhaltende Geschichte. Eine wahrhaftige Geschichte mit wörtlicher Angabe der gerichtlichen Deposition[3] des Admirals — ich meine den Admiral Coligny,[4] den ich als Feldherrn zu schätzen weiß. Ich erzähle sie mit der Erlaubnis der Majestät. Bei dem Admiral trat eines Tages ein Partisan ein, Poltrot oder wie der Mensch hieß.[5] Wie ein halb Wahnsinniger warf er sich auf einen Stuhl und begann ein Selbstgespräch, worin er sich über den politischen und militärischen Gegner des Admirals, Franz Guise, leidenschaftlich äußerte und davon redete, den Lothringer[6] aus der Welt zu schaffen.[7] Es war, wie gesagt, das Selbstgespräch eines Geistesabwesenden und es stand bei dem Admiral,[8] welchen Wert er darauf legen wollte — ich möchte die Scene einem Dramatiker empfehlen, sie wäre wirksam. Der Admiral schwieg, da er das Gerede des Menschen für eine leere Prahlerei hielt, und Franz Guise fiel, von einer Kugel —"

„Hat Coligny so gehandelt," unterbrach der König, „so tadle ich ihn. Er that unmenschlich und unchristlich."

„Und unritterlich," höhnte der Friedländer kalt.

„Zur Sache, Hoheit,"[9] bat der König.

„Majestät, etwas Ähnliches ist mir heute begegnet, nur hat

der zum Mord sich Erbietende eine noch künstlichere Scene ins Werk gesetzt.[1] Einer der Eurigen wurde gemeldet, und da ich eben beschäftigt war, ließ ich ihn in das Nebenzimmer führen. Als ich eintrat, war er in der schwülen Mittagsstunde entschlummert und sprach heftig im Traume. Nur wenige gestammelte Worte, aber ein Zusammenhang ließ sich erraten. Wenn ich daraus klug geworden bin,[2] hätte ihn Eure Majestät, ich weiß nicht womit, tödlich beleidigt, und er wäre entschlossen, ja genötigt, den König von Schweden umzubringen um jeden Preis, oder wenigstens um einen anständigen Preis, was ihm leicht sein werde, da er in der Nähe der Majestät und in deren täglichem Umgang lebe. Ich weckte dann den Träumenden, ohne ein Wort mit ihm zu verlieren, wenn nicht daß[3] ich nach seinem Begehr fragte. Es handelte sich[4] um Auskunft über einen schon vor Jahren in kaiserlichem Dienste verschollenen[5] Rheinländer, ob er noch lebe oder nicht. Eine Erbsache.[6] Ich gab Bescheid und entließ den Listigen. Nach seinem Namen fragte ich ihn nicht; er hätte mir einen falschen angegeben. Ihn aber auf das Zeugnis abgerissener Worte einer gestammelten Traumrede zu verhaften, wäre unthunlich und eine schreiende Ungerechtigkeit gewesen."

„Freilich," stimmte der König bei.

„Majestät," sprach der Friedländer, jede Silbe schwer betonend, „du bist gewarnt!"

Gustav sann. „Ich will meine Zeit nicht damit verlieren und mein Gemüt nicht damit vergiften," sagte er, „so zweifelhaften und verwischten Spuren nachzugehen. Ich stehe in

Gottes Hand. Hat die Hoheit keine weiteren Zeugen oder Indicien?"[1]

Der Friedländer zog den Handschuh hervor. „Mein Ohr und diesen Lappen da! Ich vergaß der Majestät zu sagen, daß der Träumer schlank war und ein ganz charakterloses, nichtssagendes[2] Gesicht, offenbar eine jener eng anschließenden Larven trug, wie sie in Venedig mit der größten Kunst verfertigt werden. Aber seine Stimme war angenehm markig, ein Baryton oder tiefer Alt, nicht unähnlich der Stimme Eures Pagen, und der Handschuh, der ihm entfiel und bei mir liegen blieb, sitzt selbigem Herrn wie angegossen."[3]

Der König lachte herzlich. „Ich will mein schlummerndes Haupt in den Schoß meines Leubelfings[4] legen," beteuerte er.

„Auch ich," erwiderte der Friedländer, „kann den jungen Menschen nicht beargwöhnen. Er hat ein gutes ehrliches Gesicht, dasselbe kecke Bubengesicht, womit meine barfüßigen böhmischen Bauermädchen herumlaufen. Doch, Majestät, ich bürge[5] für keinen Menschen. Ein Gesicht kann täuschen und — täuschte es nicht[6] — ich möchte keinen Pagen um mich sehen, wäre es mein Liebling, dessen Stimme klingt wie die Stimme meines Hassers, und dessen Hand dasselbe Maß hat wie die Hand meines Meuchlers. Das ist dunkel. Das ist ein Verhängnis. Das kann verderben."[7]

Gustav lächelte. Er mochte sich denken, daß der großartige Emporkömmling jetzt, da er durch seinen ungeheuerlichen[8] Pakt mit dem Habsburger[9] das Reich des Unausführbaren und Chimärischen[10] betreten hatte, mehr als je allen Arten von

Aberglauben huldigte.[1] Den innern Widerspruch durchschauend zwischen dem Glauben an[2] ein Fatum und den Versuchen, dieses Fatum zu entkräften, wollte der seines lebendigen Gottes Gewisse mit keinem Worte, nicht mit einer Andeutung ein Gebiet berühren, wo das Blendwerk der Hölle, wie er glaubte, sein Spiel trieb.[3] Er ließ das Gespräch fallen und erhob sich, dem Herzoge für sein loyales Benehmen dankend. Doch griff er dabei nach dem Handschuh welchen der Friedländer nachlässig auf ein zwischen ihnen stehendes Tischchen geworfen hatte, aber mit einer so kurzsichtigen Gebärde, daß sie dem scharf blickenden Wallenstein, der sich gleichfalls erhoben hatte, seinerseits ein unwillkürliches Lächeln abnötigte.

„Ich sehe mit Vergnügen," scherzte der König, den Friedländer gegen die Thüre begleitend, „daß die Hoheit um mein Leben besorgt ist."

„Wie sollt' ich nicht?" erwiderte dieser. „Ob die Majestät und ich einander mit unsern Armaden[4] bekriegen, gehören die Majestät und ich" — der Herzog wich höflich einem „wir" aus — „dennoch zusammen. Einer ist undenkbar ohne den andern und" — scherzte er seinerseits — „stürzte die Majestät oder ich von dem einen Ende der Weltschaukel, schlüge das andere unsanft zu Boden."

Wieder sann der König und kam unwillkürlich auf die Vermutung, irgend eine himmlische Conjunctur, eine Sternstellung[5] habe dem Friedländer ihre beiden Todesstunden im Zusammenhange gezeigt, eine der anderen folgend mit verstohlenen Schritten und verhülltem Haupte. Seltsamerweise gewann diese Vorstellung trotz seines Gottvertrauens plötzlich Gewalt über ihn. Jetzt fühlte der christliche König, daß die Atmosphäre des Aberglaubens, welche den Friedländer umgab, ihn anzustecken beginne. Er that wieder einen Schritt gegen den Ausgang.

„Die Majestät,“ endete der Friedländer fast gemütlich[1] seinen Besuch, „sollte sich wenigstens ihrem Kinde erhalten. Die Prinzeß lernt brav,[2] wie ich höre, und ist der Majestät an das Herz gewachsen. Wenn man keine Söhne hat! Ich bin auch solch ein Mädchenpapa!“[3] Damit empfahl sich[4] der Herzog.

Noch sah der Page, welchem[5] das belauschte Gespräch wie ein Gespenst die Haare zu Berge getrieben hatte,[6] daß Gustav sich in seinen Sessel warf und mit dem Handschuh spielte. Er entfernte das Auge von der Spalte, und in die Kammer zurückwankend,[7] warf er sich neben dem Lager nieder, den Himmel um die Bewahrung seines Helden anflehend, dem seine bloße Gegenwart — wie der Friedländer meinte und er selbst nun zu glauben begann — ein geheimnisvolles Unheil bereiten konnte. „Was es mich koste,“[8] gelobte sich der Verzweifelnde, „ich will mich von ihm losreißen, ihn von mir befreien, damit ihn meine unheimliche Nähe nicht verderbe.“

Da er ungerufen blieb,[9] schlich er sich erst wieder zum Könige in jener Freistunde, welche dann zu ihrer größern Hälfte[10] in gleichgültigem Gespräche verfloß. Wenn nicht,[11] daß der König einmal hinwarf:[12] „Wo hast du dich heute gegen Mittag umgetrieben,[13] Leubelfing? Ich rief dich und du fehltest.“

Der Page antwortete dann der Wahrheit gemäß: er habe mit dem Bedürfnis, nach den erschütternden Scenen[1] des Morgens freie Luft zu schöpfen,[2] sich auf das Roß geworfen und es in der Richtung des wallensteinischen Lagers, fast bis in die Tragweite[3] seiner Kanonen getummelt. Er wollte sich einen freundlichen Verweis des Königs zuziehen,[4] doch dieser[5] blieb aus. Wieder nahm das Gespräch eine unbefangene Wendung und jetzt schlug die zehnte Stunde. Da hob Gustav mit einer zerstreuten Gebärde den Handschuh aus der Tasche und ihn betrachtend sagte er: „Dieser ist nicht der meinige. Hast du ihn verloren, Unordentlicher,[6] und ich[7] ihn aus Versehen eingesteckt? Laß schauen!“ Er ergriff spielend die linke Hand des Pagen und zog ihm[8] das weiche Leder über die Finger. „Er sitzt,“ sagte er.

Der Page aber warf sich vor ihm nieder, ergriff seine Hände und überströmte sie mit Thränen. „Lebe wohl,“ schluchzte er, „mein Herr, mein Alles! Dich behüte[9] Gott und seine Scharen!“ Dann jählings aufspringend, stürzte er hinaus wie ein Unsinniger. Gustav erhob sich, rief ihn zurück. Schon aber erklang der Hufschlag[10] eines galoppierenden Pferdes und — seltsam — der König ließ[11] weder in der Nacht noch am folgenden Tage Nachforschungen über die Flucht und das Verbleiben[12] seines Pagen anstellen. Freilich hatte er alle Hände voll zu thun;[13] denn er hatte beschlossen, das Lager bei Nürnberg aufzuheben.[14]

Leubelfing hatte den gestreckten Lauf[15] seines Tieres nicht angehalten, dieses ermüdete von selbst am äußersten Lagerende.[16] Da beruhigten sich auch die erregten Sinne des Reiters. Der

Mond schien taghell[1] und das Roß ging im Schritt.[2] Bei klarerer Überlegung erkannte jetzt der Flüchtling im Dunkel jenes Ereignisses, das ihn von der Seite des Königs vertrieben hatte, mit den scharfen Augen der Liebe und des Hasses seinen Doppelgänger.[3] Es war der Lauenburger. Hatte er nicht gesehen, wie der Gebrandmarkte die Faust gegen die Gerechtigkeit des Königs geballt hatte? Besaß der Gestrafte[4] nicht den Scheinklang seiner Stimme?[5] War er selbst nicht Weibes genug,[6] um in jenem fürchterlichen Augenblicke die Kleinheit der geballten fürstlichen Faust bemerkt zu haben? Gewiß, der Lauenburger sann[7] Rache, sann Mord gegen das geliebte Haupt. Und in dieser Stunde unheimlicher Verfolgung und Beschleichung[8] seines Königs hatte sich Leubelfing aus der Nähe des Bedrohten verbannt. Eine unendliche Sorge für das Liebste, was er besessen,[9] preßte ihm das Herz zusammen und löste sich bei dem Gedanken, daß er es nicht mehr besitze, in ein beklommenes Schluchzen und dann in unbändig stürzende Thränen. Eine schwedische Wacht, ein Musketier mit schon ergreistem[10] Knebelbarte, der den schlanken Reiter weinen sah, verzog[11] den Mund zu einer lustigen Grimasse, fragte dann aber gutmütig: „Sinnt der junge Herr nach Hause?“[12] Leubelfing nahm sich zusammen[13] und langsam weiterreitend entschloß er sich mit jener Keckheit, die ihm die Natur gegeben und das Schlachtfeld verdoppelt hatte, nicht aus dem Lager zu weichen. „Der König wird es abbrechen,“[14] sagte er sich, „ich komme in einem Regiment unter[15] und bleibe während der Märsche und Ermüdungen unbekannt! Dann die Schlacht!“

Jetzt gewahrte er einen Oberst, welcher die Lagerstraßen[1] wachsam abritt. Das Licht des Mondes war so kräftig, daß man einen Brief dabei hätte entziffern können. So erkannte er auf den ersten Blick einen Freund seines Vaters, denselben, welcher dem Hauptmann Leubelfing in dem für ihn tödlichen Duell sekundiert hatte.[2] Er trieb seinen Fuchs zu der Linken des Schweden. Der Oberst, der in der letzten Zeit meist auf Vorposten gelegen,[3] betrachtete den jungen Reiter aufmerksam. „Entweder ich irre mich," begann er dann, „oder ich habe Euer Gnaden,[4] wenn auch[5] auf einige Entfernung, als Pagen neben dem Könige reiten sehen? Wahrlich, jetzt erkenne ich Euch wieder, ob Ihr auch etwas mondenblaß[6] und schwermütig ausschaut." Dann, plötzlich von einer Erinnerung überrascht: „Seid Ihr ein Nürnberger," fuhr er fort, „und mit dem seligen[7] Hauptmann Leubelfing verwandt? Ihr gleichet ihm zum Erschrecken,[8] oder eigentlich[9] seinem Kinde, dem Wildfang, der Gustel,[10] die bis in ihr sechzehntes Jahr mit uns geritten ist. Doch Mondenlicht[11] trügt und hext. Steigen wir ab.[12] Hier ist mein Zelt." Und er übergab sein Roß und das des Pagen einem ihn erwartenden Diener mit plattgedrückter[13] Nase und breitem Gesichte, welcher seinen Gebieter mit einem gutmütigen stupiden Lächeln empfing.

„Mache sich's der Herr bequem,"[14] lud der Alte den Pagen ein, ihm einen Feldstuhl bietend und sich auf seinen harten Schragen[15] niederlassend. Zwei Windlichter gaben eine schwankende Helle.

Jetzt fuhr der Oberst ohne Ceremonie mit seiner breiten ehrlichen Hand dem Pagen[1] durch das Haar. Auf der bloßgelegten Stirnhöhe[2] wurde eine alte aber tief eingeschnittene Narbe sichtbar. „Gustel, du Narre,“[3] brach er los, „meinst,[4] ich hätt's vergessen, wie dich das ungrische[5] Fohlen, die Hinterhufen aufwerfend, über seinen Starrkopf schleuderte, daß du durch die Luft flogest und wir Drei dich für tot auflasen, die heulende Mutter, der Vater blaß wie ein Geist und ich selber herzlich erschrocken?[6] Ein perfekter Soldat, der selige[7] Leubelfing, mein bester Hauptmann und mein Herzensfreund![8] Nur ein bischen toll, wie du es auch sein wirst,[9] Gustel! Alle Wetter,[10] Kind, wie lange schon treibst du dein Wesen[11] um den König? Schaust[12] übrigens accurat wie ein Bube! Hast dir[13] das blonde Kraushaar im Nacken wegrasiert, Kobold?“ und er zupfte sie.“ Mach' dir nur nicht vor,[14] du seiest das einzige Weibsbild[15] im Lager! Sieh' dir mal[16] den Jakob Erichson an, meinen Kerl!“ Der Bursche trat eben mit Flaschen und Gläsern ein. „Ein Mann wie du! Keine Angst,[17] Gustel! Er hat nicht *ein* deutsches Wort erlernen können. Dazu ist er viel zu dumm. Aber ein kreuzbraves,[18] gottesfürchtiges Weib! Und garstig! Übrigens[19] die einfachste Geschichte von der Welt, Gustel: Sieben Schreihälse,[20] der Ernährer ausgehoben,[21] sein Weib für ihn eintretend. Der denkbar beste Kerl![22] Ich könnte ihn nun gar nicht mehr entbehren!“

Der Page betrachtete das brave Geschöpf mit entschiedenem Widerwillen, während der Oberst weiter polterte.[23] „Alle Wege[24] ein starkes Stück,[25] Gustel, neben dem Könige dich einzunisten, der die Weibsen[26] in Mannstracht verabscheut! Hast eine Fabel gespielt, was sie auf den Bänken von Upsala [1] ein Monodrama [2] nennen, wenn eine Person für sich mutterseelenallein [3] jubelt, fürchtet, verzagt, empfindet, tragiert,[4] imaginiert![5] Und hast dir Gott weiß wie viel darauf eingebildet,[6] ohne daß eine sterbliche Seele etwas davon wußte oder sich einen Deut [7] darum bekümmerte. Du blickst unmutig? Halsgefährlich,[8] Kind, war es gerade nicht! Wurdest [9] du entlarvt: „Pack' dich,[10] dummes Ding!" hätte er dich gescholten und den nächsten Augenblick an etwas anderes gedacht. Ja, wenn dich die Königin demaskiert [11] hätte!" Puh![12] Nun sag' ich: man soll die Kinder nicht küssen! So'n [13] Kuß schläft und lodert wieder auf, wann [14] die Lippen wachsen und schwellen. Und wahr ist's und bleibt's, der König hat dich mir einmal von den Armen genommen, Patchen,[15] und hat dich geherzt und abgeküßt, daß es nur so klatschte![16] Denn du warest ein keckes und hübsches Kind." Der Page wußte nichts mehr von dem Kuß, aber er empfand ihn wild errötend.

„Und nun, Wildfang, was soll werden?"[17] Er sann einen Augenblick. „Kurz und gut,[18] ich trete dir mein zweites Zelt ab! du wirst mein Galopin,[19] giebst mir dein Ehrenwort nicht auszureißen [20] und reitest mit mir bis zum Frieden. Dann führ' ich dich heim [21] nach Schweden in mein Gehöft bei Gefle.[22] Ich bin einzeln. Meine zwei Jüngern, der Axel[23] und der Erich —" er zerdrückte eine Thräne. „Für König und Vaterland!"[24] sagte er. Der überbliebene[25] Älteste lebt mir in Falun,[26] ein Diener am Wort [27] mit einer fetten Pfründe. Da hast du dann die Wahl zwischen uns beiden." Page Leubelfing gelobte seinem

Paten,[1] was er sich selbst schon gelobt hatte, und erzählte ihm darauf sein vollständiges Abenteuer mit jenem Wahrheitsbedürfnis,[2] das sich nach lange getragener Larve so gebieterisch meldet, wie Hunger und Durst nach langem Fasten.

Der Alte dachte sich seine Sache[3] und erlustigte sich dann besonders an dem Vetter Leubelfing, dessen Konterfei[4] er sich von dem Pagen entwerfen ließ.[5] „Der Flachskopf," philosophierte er, „kann nichts dafür,[6] eine Memme zu sein. Es liegt in den Säften.[7] Auch mein Sohn, der Pfarrer in Falun, ist ein Hase.[8] Er hat es von der Mutter."

Von Sommerende bis nach beendigter Lese[9] und bis an einem frostigen Morgen die ersten dünnen Flocken über der Heerstraße wirbelten, ritt Page Leubelfing in Züchten[10] neben seinem Paten, dem Oberst Ake Tott, in die Kreuz und Quer,[11] wie es die Wechselfälle eines Feldzuges mit sich bringen. Dem Hauptquartier und dem Könige begegnete er nicht, da der Oberst meist die Vor- oder Nachhut führte. Aber Gustav Adolf füllte die Augen seines Geistes, wenn auch in verklärter und unnahbarer Gestalt, jetzt da er aufgehört hatte ihm durch die Locken zu fahren[12] und der Page den Gebieter nachts nicht mehr an seiner Seite, nur durch eine dünne Wand getrennt, sich umwenden und sich räuspern[13] hörte. Da geschah es zufällig, daß Leubelfing seinen König wieder mit Augen[14] sah. Es war auf dem Marktplatze von Naumburg,[15] wo sich der Page eines Einkaufs halber verspätet hatte und eben seinem Oberst nachsprengen[16] wollte, welcher, diesesmal die Vorhut befehligend, die Stadt schon verlassen hatte. Von einer immer dichter werdenden Menge mit seinem Roß gegen die Häuser zurückgedrängt, sah er auf dem engen Platze ein Schauspiel, wie ein ähnliches nur erst einmal[1] menschlichen Augen sich gezeigt hatte, da vor vielen hundert Jahren der Friedenstifter auf einer Eselin Einzug hielt in Jerusalem.[2] Freilich saß Gustav auf seinem stattlichen Streithengst, von geharnischten Hauptleuten[3] auf mutigen Tieren umringt; aber Hunderte von leidenschaftlichen Gestalten, Weiber, die mit beiden gehobenen Armen ihre Kinder über die jubelnden Häupter emporhielten, Männer, welche die Hände streckten, um die Rechte Gustavs zu ergreifen und zu drücken, Mägde, die nur seine Steigbügel küßten, geringe Leute, die sich vor ihm auf die Kniee warfen, ohne Furcht vor dem Hufschlag[4] seines Tieres, das übrigens[5] sanft und ruhig schritt, ein Volk in kühnen und von einem Sturm der Liebe und der Begeisterung ergriffenen Gruppen umwogte den nordischen König, der ihm seine geistigen Güter gerettet hatte. Dieser, sichtlich gerührt, neigte sich von seinem Rosse herab zu dem greisen Ortsgeistlichen,[6] der ihm dicht vor den Augen Leubelfings die Hand küßte, ohne daß er es verwehren konnte, und sprach überlaut:[7] „Die Leute ehren mich wie einen Gott! Das ist zu viel und gemahnt mich an mein Ende. Prediger, ich reite mit der heidnischen Göttin Victoria und mit dem christlichen Todesengel!“

Dem Pagen quollen die Thränen. Als er aber gegenüber an einem Fenster die Königin erblickte und ihr der König einen zärtlichen Abschied zuwinkte, schwoll ihm der Busen von einer brennenden Eifersucht.

Kaum eine Woche später, als die schwedischen Scharen auf dem blachen[1] Felde von Lützen[2] sich zusammenzogen,[3] marschierte Ake Tott seitwärts unweit des Wagens, darin[4] der König fuhr. Da erblickte Leubelfing einen Raubvogel, der unter zerrissenen Wolken schwebend auf das hartnäckigste[5] sich über der königlichen Gruppe hielt und durch die Schüsse des Gefolges sich nicht erschrecken und nicht vertreiben ließ. Er gedachte des Lauenburgers, ob[6] seine Rache über Gustav Adolf schwebe. Das arme Herz des Pagen ängstigte sich über alles Maß. Wie es frühe dunkelte, wuchs seine Angst, und da es finster geworden war, gab er, sein Ehrenwort brechend, dem Rosse die Sporen und verschwand aus den Augen des ihm „Treubrüchiger Bube!“ nachrufenden Obersten.

In unaufhaltsamem Ritte erreichte er den Wagen des Königs und mischte sich unter das Gefolge, das am Vorabende der erwarteten großen Schlacht ihn nicht zu bemerken oder sich nicht um ihn zu kümmern[7] schien. Der König gedachte dann die Nacht in seinem Wagen zuzubringen, wurde aber durch die Kälte genötigt, auszusteigen und in einem bescheidenen Bauernhause ein Unterkommen[8] zu suchen. Mit Tagesanbruch drängten sich in der niedrigen Stube, wo der König schon über seinen Karten saß, die Ordonnanzen. Die Aufstellung der Schweden war beendigt. Es begann die der deutschen Regimenter. Page Leubelfing hatte sich, von dem Kammerdiener des Königs, der ihm wohlwollte, erkannt und nicht zur Rede gestellt,[9] den in seinem Gestick[10] das schwedische Wappen tragenden Schemel wieder erobert, auf welchem er sonst neben dem Könige gesessen,[11] und sich in einer Ecke niedergelassen, wo er hinter den wechselnden kriegerischen Gestalten verborgen blieb.

Der König hatte jetzt seine letzten Befehle gegeben und war in der wunderbarsten Stimmung. Er erhob sich langsam und wendete sich gegen die Anwesenden, lauter Deutsche, unter ihnen mehr als einer von denjenigen, welche er im Lager bei Nürnberg mit so harten Worten gezüchtigt hatte. Ob[1] ihn schon die Wahrheit und die Barmherzigkeit jenes Reiches berührte, dem er sich nahe glaubte? Er winkte mit der Hand und sprach leise, fast wie träumend, mehr mit den geisterhaften Augen als mit dem kaum bewegten Munde:

„Herren und Freunde, heute kommt wohl mein Stündlein.[2] So[3] möcht' ich Euch mein Testament hinterlassen. Nicht für den Krieg sorgend — da mögen die Lebenden zusehen.[4] Sondern — neben meiner Seligkeit[5] — für mein Gedächtnis unter Euch! Ich bin über Meer gekommen mit allerhand Gedanken, aber alle überwog, ungeheuchelt,[6] die Sorge um das reine Wort.[7] Nach der Victorie[8] von Breitenfeld[9] konnte ich dem Kaiser einen läßlichen[10] Frieden vorschreiben und nach gesichertem Evangelium[11] mit meiner Beute mich wie ein Raubtier zwischen meine schwedischen Klippen zurückziehen. Aber ich bedachte die deutschen Dinge.[12] Nicht ohne ein Gelüst nach Eurer Krone, Herren! Doch, ungeheuchelt,[13] meinen Ehrgeiz überwog die Sorge um das Reich! Dem Habsburger darf[14] es unmöglich[15] länger gehören, denn es ist ein evangelisches[16] Reich. Doch Ihr denket und sprechet: ein fremder König herrsche[17] nicht über uns! Und Ihr habet Recht. Denn es steht geschrieben:[1] der Fremdling soll das Reich nicht ererben. Ich aber dachte letztlich[2] an die Hand meines Kindes und an einen Dreizehnjährigen[3] . . ." Sein leises Reden wurde überwältigt von dem stürmischen Gesange eines thüringischen Reiterregimentes, das, vor dem Quartier des Königs vorbeiziehend,[4] mit Begeisterung die Worte betonte:

„Er wird[5] durch einen Gideon,
Den er wohl weiß, dir helfen schon . . ."

Der König lauschte und ohne seine Rede zu beendigen, sagte er: „Es ist genug, alles ist in Ordnung," und entließ die Herren. Dann sank er auf das Knie und betete.

Da sah der Page Leubelfing mit einem rasenden Herzklopfen, wie der Lauenburger eintrat. Als ein gemeiner Reiter gekleidet, näherte er sich in kriechender und zerknirschter Haltung und reckte[6] die Hände flehend gegen den König aus, der sich langsam erhob. Jetzt warf er sich vor ihm nieder, umfing seine Kniee, schluchzte und schrie ihn an mit den beweglichen[7] Worten des verlorenen Sohnes:[8] „Vater, ich habe gesündigt in den Himmel und vor dir!"[9] und wiederum: „Ich habe gesündigt in den Himmel und vor dir, ich bin hinfort nicht mehr wert, daß ich dein Sohn heiße!"[9] und er neigte das reuige Haupt. Der König aber hob ihn vom Boden und schloß ihn in seine Arme.

Vor den entsetzten Augen des Pagen schwammen die sich umschlungen Haltenden[10] wie in einem Nebel. „War das, konnte das die Wahrheit sein? Hatte die Heiligkeit des Königs an einem Verworfenen[11] ein Wunder gewirkt?[12] Oder war es eine satanische Larve? Mißbrauchte der ruchloseste der Heuchler die Worte des reinsten Mundes?" So zweifelte sie[1] mit irren Sinnen und hämmernden Schläfen. Der Augenblick verrann. Die Pferde wurden gemeldet und der König rief nach seinem Lederwams.[2] Der Kammerdiener erschien, in der Linken den verlangten Gegenstand, in der Rechten aber einen an der Halsöffnung[3] gefaßten blanken Harnisch haltend. Da entriß ihm der Page den kugelfesten[4] Panzer und machte Miene,[5] dem König behilflich zu sein, denselben anzulegen. Dieser aber, ohne über die Gegenwart des Pagen erstaunt zu sein, weigerte sich mit einem unbeschreiblich freundlichen Blick und fuhr[6] Leubelfing durch das krause Stirnhaar, wie er zu thun pflegte. „Gust," sagte er, „das geht nicht. Er drückt. Gieb[7] das Wams."

Kurz nachher sprengte der König davon, links und rechts hinter sich den Lauenburger und seinen Pagen Leubelfing.

V.

In der Pfarre des hinter der schwedischen Schlachtlinie liegenden Dorfes Meuchen saß gegen Mitternacht der verwitwete Magister Todänus hinter seiner Foliobibel und las seiner Haushälterin, Frau Ida,[1] einer zarten und ebenfalls verwitweten Person, die Bußpsalmen[2] Davids vor. Der Magister — übrigens[3] ein wehrhafter Mann mit einem derben, grauen Knebelbarte,[4] der ein paar Jugendjahre unter den Waffen verlebt[5] — betete dann inbrünstig mit Frau Ida für die Erhaltung des protestantischen Helden, der eben jetzt in kleiner Entfernung das Schlachtfeld, er wußte nicht, ob behauptet oder verloren hatte. Da pochte es[6] heftig an das Hofthor und die geistergläubige[7] Frau Ida erriet, daß sich ein Sterbender melde.

Es war so. Dem öffnenden Pfarrer wankte ein junger Mensch entgegen, bleich wie der Tod, mit weit geöffneten Fieberaugen,[8] barhaupt,[9] an der Stirn eine klaffende Wunde. Hinter ihm hob ein anderer einen Toten vom Pferde, einen schweren Mann. In diesem erkannte der Pfarrer trotz der entstellenden Wunden den König von Schweden, welchen er in Leipzig einziehen gesehen[10] und dessen wohlgetroffener Holzschnitt[11] hier in seinem Zimmer hing. Tief ergriffen bedeckte er das Gesicht mit den Händen und schluchzte.

In fieberischer Geschäftigkeit und mit hastiger Zunge begehrte der verwundete Jüngling, daß sein König im Chor der anstoßenden[1] Kirche aufgebahrt[2] werde. Zuerst aber forderte er laues Wasser und einen Schwamm, um das Haupt voll Blut und Wunden zu reinigen. Dann legte er mit der Hilfe des Gefährten den Toten, welcher seinen Armen zu schwer war, auf ein ärmliches Ruhebett, sank daran nieder und betrachtete das wachsfarbene Antlitz liebevoll. Als er es aber mit dem Schwamm berühren wollte, wurde er ohnmächtig[3] und glitt vorwärts auf den Leichnam.

In diesem Augenblick wurde die Thür aufgerissen und der Oberst Ake Tott trat herein. In Proviantsachen[4] rückwärts gesendet, war er nach verrichtetem Geschäfte[5] dem Schlachtfelde wieder zugeeilt[6] und hatte in der Dorfgasse,[7] vor dem Kruge[8] ein Glas Branntwein stürzend,[9] die Mär[10] vernommen von einem im Sattel wankenden Reiter, der einen Toten vor sich auf dem Pferde gehalten.[11]

„Ist es war, ist es möglich?“ schrie er und stürzte auf seinen König zu, dessen Hand er ergriff und mit Thränen benetzte. Nach einer Weile sich umwendend, erblickte er den Jüngling, welcher in einem Lehnsessel ausgestreckt lag, seiner Sinne unmächtig.[12] „Alle Teufel,“[13] rief er zornig, „so hat sich die Gustel doch wieder[14] an den König gehängt!“[15]

„Ich fand den jungen Herrn, meinen Kameraden,“ bemerkte der Kornett, „wie er, den toten König vor sich auf dem Pferde haltend, über das Schlachtfeld sprengte. Er hat sich für die Majestät geopfert!“

„Nein, für mich!" unterbrach ihn ein langer Mensch mit einem Altweibergesicht.[1] Es war der Kaufherr Laubfinger. Um eine beträchtliche durch den Krieg gefährdete Schuld einzutreiben,[2] hatte er sich aus dem sichern Leipzig herausgewagt[3] und unwissend dem Schlachtfelde genähert. In die von Gepäckwagen gestaute[4] Dorfgasse geraten,[5] war er dann dem Obersten nachgegangen, ihn um eine salva guardia[6] zu ersuchen. In einem überströmenden Gefühle von Dankbarkeit und von Erleichterung erzählte er jetzt den Anwesenden umständlich die Geschichte seiner Familie. „Gustel, Gustel," weinte er, „kennst du noch dein leibliches Vetterchen? Wie kann ich dir's bezahlen, was du für mich gethan hast?"

„Damit, Herr, daß Ihr das Maul haltet!"[7] fuhr ihn der Oberst an.[8]

Der Pfarrer aber trat in das Mittel[9] und sprach mit ruhigem Ernst: „Herrschaften,[10] Ihr kennt diese Welt. Sie ist voller Lästerung." Frau Ida seufzte. „Und da am meisten, wo ein großer und reiner Mensch eine große und reine Sache vertritt. Würde der leiseste Argwohn dieses Andenken trüben" — er zeigte den stillen König — „welches Fabelgeschöpf[11] würde nicht die papistische Verleumdung aus dieser armen Mücke machen,"[12] und er deutete auf den ohnmächtigen Pagen, „die sich die Flügel an der Sonne des Ruhmes verbrannt hat! Ich bin wie von meinem Dasein überzeugt, daß der selige[13] König von diesem Mädchen nichts wußte."

„Einverstanden,[14] geistlicher Herr,"[15] schwur der Oberst, „auch ich bin davon, wie von meiner Seligkeit nicht durch die Werke, sondern durch den Glauben überzeugt."

„Sicherlich," bestätigte Laubfinger. „Sonst hätte der König sie heimgeschickt und auf mich gefahndet."[1]

„Hol' mich, straf' mich!"[2] beteuerte der Kornett und Frau Ida seufzte.

„Ich bin ein Diener am Wort,[3] Ihr traget graues Haar, Herr Oberst, Ihr, Kornett, seid ein Edelmann, es liegt in Eurem Nutzen und Vorteil, Herr Laubfinger, für Frau Ida bürge ich:[4] wir schweigen."

Jetzt öffnete der Page die sterbenden Augen. Sie irrten angstvoll umher und blieben auf Ake Tott haften: „Pate, ich habe dir nicht gehorcht, ich konnte nicht — ich bin eine große Sünderin."

„Ein großer Sünder," unterbrach sie der Pfarrer streng. „Ihr redet irre![5] Ihr seid der Page August Leubelfing, ehelicher[6] Sohn des nürnbergischen Patriciers und Handelsherrn Arbogast Leubelfing, geboren den und den,[7] Todes verblichen[8] den siebenten November Eintausend sechshundert zweiunddreißig an seinen Tages vorher[9] in der Schlacht bei Lützen empfangenen Wunden, pugnans cum rege Gustavo Adolpho."[10]

„Fortiter pugnans!"[11] ergänzte der Kornett begeistert.

„So will ich auf Euren Grabstein setzen!"[12] Jetzt aber machet Euern Frieden mit Gott! Euer Stündlein[13] ist gekommen." Der Magister sagte das nicht ohne Härte, denn er konnte seinen Unmut gegen das abenteuerliche Kind, das den Ruf seines Helden gefährdet hatte, nicht verwinden,[14] ob es schon[15] in den letzten Zügen lag.

„Ich kann jetzt noch nicht sterben, ich habe noch viel zu reden!"

röchelte der Page. „Der König . . . im Nebel . . . die Kugel des Lauenburgers —“ der Tod schloß ihr[1] den Mund, aber er konnte sie nicht hindern, mit einer letzten Anstrengung der brechenden Augen[2] das Antlitz des Königs zu suchen.

Jeder der Anwesenden zog seinen Schluß und ergänzte den Satz nach seiner Weise. Der Pfarrer aber, dessen Patriotismus es beleidigte, den Retter Deutschlands und der protestantischen Sache[3] — für ihn ein und dasselbe[4] — von einem deutschen Fürsten sich gemeuchelt zu denken,[5] ermahnte sie alle eindringlich, dieses Bruchstück einer durch den Tod zertrümmerten Rede mit dem Pagen zu begraben.

Jetzt, da August Leubelfing sein Schicksal vollendet hatte und leblos neben seinem Könige lag, schluchzte der Vetter: „Nun[6] die Base verewigt[7] und der Erbgang[8] eröffnet ist, nehme ich doch meinen Namen wieder an mich?“[9] und er warf einen fragenden Blick auf die Umstehenden. Der Magister Todänus betrachtete eben das unschuldige Gesicht der tapfern Nürnbergerin, das einen glücklichen Ausdruck hatte. Der strenge Mann konnte sich einer Rührung nicht erwehren.[10] Jetzt entschied er: „Nein, Herr! Ihr bleibt ein Laubfinger. Euer Name wird die Ehre haben, auf dem Grabhügel eines hochgesinnten[11] Mädchens zu stehen,[12] das einen herrlichen Helden bis in den Tod geliebt hat. Ihr aber habt Euer höchstes Gut[13] gerettet, das liebe[14] Leben. Damit begnüget Euch.“

Die Kirche wurde gegen den Andrang der zuströmenden Menge gesperrt und verriegelt; denn das Gerücht hatte sich rasch verbreitet, hier liege der König. Die Toten wurden dann gewaschen und im Chore aufgebahrt. Über alledem[1] war es helle geworden. Als die Kirchthore den mit ungeduldigen Gebärden, aber ehrfürchtigen Mienen Eindringenden sich öffneten, lagen die beiden vor dem Altare gebettet auf zwei Schragen,[2] der König höher, der Page niedriger, und in umgekehrter Richtung, sodaß sein Haupt zu den Füßen des Königs ruhte. Ein Strahl der Morgensonne — dem gestrigen Nebeltage war ein blauer wolkenloser gefolgt — glitt durch das niedrige Kirchenfenster, verklärte das Heldenantlitz und sparte noch ein Schimmerchen für den Lockenkopf des Pagen Leubelfing.

NOTES.

NOTES.

I.

Page 1. — 1. **Kontor,** the germanized French word comptoir, *counting-room, office.* 2. **St. Sebald,** St. Sebald's Church at Nuremberg. 3. **aus den Augen geschnitten war,** *was a perfect picture of.* 4. **Kornett,** French cornette, the standard-bearer (with officer's rank) in cavalry regiments. 5. **Karabinieren,** troopers armed with carbines. 6. **sich beschauen,** *to take a look at.* 7. **Schildereien,** an antiquated word for *pictures;* originally, pictorial work on shields, hence etym.; secondarily, decorative painting executed with minute care. 8. **sich wieder einfinden,** *be back again.* 9. **der Majestät,** older usage; now Seiner Majestät.

Page 2. — 1. **Rentkammer,** *exchequer.* 2. **überflogen,** *run his eyes over.* 3. **Stuccatur,** *stucco-work.* 4. **in hervorquellenden Massen und aufdringlicher Gruppe,** *with plastic and massive obtrusiveness.* 5. **Handelsgeschlecht,** *family of merchants.* The diction of this letter is an example of the so-called ‚Zopfstil.' In it, the 'pluralis majestaticus' is employed; also, the first person is marked by a capital initial. 6. **nährt,** *cherishes.* 7. **daß dieses, etc ... mag,** *that this has become feasible on this day.* 8. **dieweil,** *inasmuch as.* 9. **seliger,** *deceased;* lit. beatified; the cross after the name of a dead person is in the nature of a prayer. 10. **mit nachträglicher Ehrenmeldung,** *not to forget honorable mention of.* 11. **vorvorig,** *last but one.* 12. **fürdervorig,** *last but two* (out of use). 13. **bei währendem Sturme,** *during the storming.* 14. **nach beiden,** etc., the construction of the Latin ablative absolute; the modern construction would be: nachdem ihm beide Beine von einer Stückkugel abgerissen worden waren. **ihme** = ihm. **Stückkugel,** *cannon-ball.*

Page 3. — 1. sänftiglich = sanft. **Reichsstadt,** cities thus called enjoyed especial privileges; they stood directly under the imperial government. **2. Nüremberg,** now Nürnberg, in those days a free city of the empire (,freie Reichsstadt'), lies in the gov. district of Central Franconia in the kingdom of Bavaria. It was founded before 1050. During the Thirty Years' War, in which time the scene here depicted is laid, N. suffered greatly. **3. fürnehmlich,** mod. vornehmlich, = besonders. **4. der Herr,** i. e. the person addressed. **5. wohl affectionierter,** *affectionate;* has a patronizing meaning, and was only used in writing to inferiors. **6.** Gustavus Adolphus, King of Sweden was born 1594, and was killed in the battle of Lützen, 1632. It is believed by many that he was murdered by an assassin, hired either by Emperor Ferdinand II., or by Cardinal Richelieu. Grave suspicion, in this connection, attaches to the name of the Duke of Lauenburg, of whom there will be mention later on. **7. o du meine Güte,** *goodness gracious!* **8. sein zages Herz,** *his faint-heartedness.* **9. Totenschein,** death-certificate; but here, *death-warrant.* **10. mit dem schuldigen Respekt gesprochen,** *with all due respect be it said.* **11. wer als Ihr,** *who else but you.* **12. Daß Gott erbarm'!** *the Lord have mercy on us!* **13. gipsen,** adj. *plaster.* **14. vermaledeit,** etym. lat. maledictus, *cursed,* cf. **gebenedeit,** from benedictus, blessed. **15. Tokayer,** the choicest among the fiery wines of Hungary. **16. den Kopf wo nicht oben, doch klar behielt,** *though (he) did not keep up his spirits, at least kept his head clear.* **17. Gasterei,** old; *banquet.* **18. Sie kam mich teuer zu stehen,** *it cost me dear.*

Page 4. — 1. Gulden, *guilder, florin;* the value of Gulden and Kreuzer was different in different states and at different times. **2. Kreuzer,** *pence.* **3. hütete,** *was confined to.* **4. Bausche,** fem.; commonly **Bausch**, m., *pad, compress*. 5. **Gustel**, familiarly for **Auguste**. 6. **Wildfang**, *romping girl*. 7. **geschmissen**, *flung*, from **schmeißen**, which is now avoided in good diction. 8. **nach abgetragenem Essen**, *after the dishes had been removed*. 9. **Platz**, *square*. 10. **Humpen**, *bumper*. 11. **Gesundheiten wurden ausgebracht**, *healths were drunk*. 12. **Hoch**, *long live!* 13. **denn das war ein starkes Ding**, *for that was rather strong*. 14. **Zwickel**, *chin-beard*, '*imperials*.' 15. **Ich bringe ein Hoch**, *I drink success*. 16. **Stücke werden gelöst**, *the ordnance is fired*. 17. **Alles geht drüber und drunter**, *everything is in confusion* (*pell-mell, topsy-turvy*). 18. **drückt mich von ungefähr in eine Ecke**, *took an occasion to draw me aside into a corner*. 19. **hat hoch leben lassen**, *proposed the toast to*. 20. **unter der Stimme**, *in an undertone*. 21. **Nun sticht mich alten betrunkenen Esel die Prahlsucht**, *then the spirit of boastfulness came over me, old drunken ass that I was*.

Page 5. — 1. **spannt Tag und Nacht darauf**, *longs by night and day*. 2. **versehen wurde**, *was in charge of*. 3. **Schöppe**, also **Schöff**, *associate judge*, one of a small jury with the functions of a judge. 4. **Aber, hätte der König**, *but, suppose the king*. . . 5. **Charnacé**, Hercule-Girard, baron de, diplomat and soldier, died 1637. Being related to Cardinal Richelieu, he was entrusted by the latter with secret negotiations between France and Sweden. He was killed at the siege of Breda, where he commanded a regiment under the prince of Orange. 6. **hudelte**, a slang expression; *blew up*. 7. **das einem deutschen Mann das Herz im Leibe lachen mußte**, *that every German's heart had to rejoice within him*. 8. **Remedur**, *remedy*. 9. **hantierenden** = arbeitenden, *working, bustling*. 10. **Gang**, *corridor*. 11. **Leiblied**, *favorite song*.

Page 6. — 1. **Verzage nicht, etc.**, *a lutheran hymn*. 2. **tannenschlank**, lit. *as slender as a fir tree*, '*as straight as a poplar*.' 3. **ziemlich reitermäßigen Manieren**, *manners rather resembling those of a* *trooper.* 4. **das trübselige Paar musternd,** *taking in with her eyes the sorry pair.* 5. **ohne weiteres,** *without further ceremony.* 6. **mit leidenschaftlichen Augen verschlang,** *devoured with ravenous eyes.* 7. **ging es dem gutherzigen Mädchen selber nahe,** *the kind-hearted girl herself was pained to see.* 8. **jeder Bissen im Munde quoll,** lit. every morsel swelled in their mouths, trans. *turned sour.* 9. **sie ließ abtragen,** *she had the table cleared.* 10. **wenn ich denke,** etc., the apodosis to be understood, as: **so muß ich lachen,** etc. 11. **der das Hoch auf den König ausbrachte,** v. n. 15, p. 4.

Page 7. — 1. **Hol' dich der Henker,** *hang you!* 2. **aufhebst,** from **aufheben,** *keep.* 3. **Hallerin,** etc., the ending **in** was formerly added, not unfrequently, to a family-name, for a less respectful designation of a woman as Mrs. —. 4. **tutte quante,** Italian, *as many as there were of them.* 5. **kann es nur über sich bringen,** *can bring herself to.* 6. **maulte,** *pouted, sulked.* 7. **zimperliche,** *squeamish.* 8. **das heißt,** *that is to say.* 9. **einen schrägen Blick zu thun,** *to cast a side-glance, to look sideways.* 10. **wollen mir die Weiberröcke auch gar nicht sitzen,** *petticoats do not seem to suit me at all.* 11. **daß sie mich schlecht kleiden,** *that they are unbecoming to me.* 12. **bin ich doch,** *when I, since I.* 13. **Mischung,** *admixture.*

Page 8. — 1. **und nun hast du mir das eingebrockt,** *and now you have got me into this mess.* 2. **lieferst,** *hand over, surrender.* 3. **ihn überlief eine Gänsehaut,** *it made his flesh creep.* 4. **halte dich wie,** *act like.* 5. **giftelte,** *said testily.* 6. **Gott hab' ihn selig,** *the Lord rest his soul!* 7. **Mit Fünfzehn,** *at the age of fifteen.* 8. **vor der Trommel,** *with the drum for an altar.* 9. **Raufhandel,** *scuffle.* 10. **das Zeitliche gesegnet,** *departed this life.* 11. **natürlichen Fehler,** *physical defects.* 12. **Worauf kann ich mich bei dem Könige gültig ausreden,** *what would be a valid excuse for me with the king.* 13. **Achill,** *Achilles.* One legend tells concerning his youth, that his mother, in order to keep him away from war, disguised him as a maiden and he remained at Scyros. Ulysses came there with female dresses to sell and arms concealed among them. A. betrayed himself by seizing the arms with eagerness and then followed Ulysses to the war. 14. **Bildwerk**, here *relief*. 15. **losspringen auf**, *rush for*.

Page 9.—1. **ihm den linken klaubend**, *plucking his right* (sleeve). 2. **zeterte**, *bawled*. 3. **windigen**, *swaggering*. 4. **braven**, *good, honest*. 5. **Weisst du was**, *I'll tell you what*. 6. **bubenhaft**, *boyish*. 7. **von dem du fabelst**, *whom you are prattling about*. 8. **am Ende**, *after all*. 9. **träumst du doch**, *for do you not dream*. 10. **Wache heraus**! *turn out your guard!* military call on the approach of any officer who is entitled to inspect the guard. 11. **Commando**, military term; *command*. 12. **Nimm dich in acht**! *take care!* 13. **es könnte dahin kommen**, *it might come to pass that*. 13. **lauter Memmen**, *none but dastards, cravens*.

Page 10.—1. **maidliche**, *maidenly*. 2. **hatte wahrhaftes Zeugnis abgelegt**, *had spoken the truth*; v. p. 7, l. 12. 3. **der Strudel des Geschehens**, *the whirlpool of events*. 4. **Kornett**, v. n. 4, p. 1. 5. **Meister Albrechts**, Albrecht Dürer, a German painter and engraver, born in Nuremberg, 1471, died April, 1528. He was very prosperous and for many years was one of the chief burghers of N., and the emperors Maximilian I. and Charles V. successively appointed him court-painter. He raised German painting to an excellence which died with him, and has never been surpassed as an engraver. 6. **Römer**, a (generally green) wine-glass, used for Rhine-wine. 7. **ohne zu überhören**, *without failing to hear*. 8. **Firma**, noun from lat. adj. firmus, 3; *firm*. 9. **sporenklirrend**, *with clanking spurs*. 10. **wirtschaftete**, *overhauled things, rummaged*. 11. **wie angegossen saßen**, lit. fitted her as if she had been moulded into them; '*like a glove*.'

Page 11.—1. **Stoßseufzer**, *a short, abrupt prayer*. 2. **es eilt**, *time is pressing*. 3. **Römer**, v. n. 6, p. 10. 4. **Scheinjüngling**, lit. pseudo-youth. **5. Jungfer,** colloquial for **Jungfrau.** **6. Hol' mich** (scil. **der Henker, der Teufel**), **straf' mich** (scil. **Gott**), very strong expressions of surprise: 1) *I'll be hanged!* 2) *the Lord help us!* **7. Mit Gunst und Verlaub,** *if I may make bold to say so.* **8. mir fiel es gleich ein,** *it struck me at once.* **9. das reine alte Weib,** *nothing but an old woman.* **10. entführte,** *snatched away* **11. stülpte,** '*clapped*' (Dickens). **12. rückwärts fliehende,** *retreating* **13. leichtbezechte,** *slightly intoxicated, exhilarated.*

Page 12. — **1. Potz!** *zounds!* **2. daß . . . des Bleibens nicht länger sei,** *that it was out of the question for the younger one to remain any longer.* **3. Kursachsen,** the electorate of Saxony. There were eight prince electors under the 'golden bull' of 1356. The electoral college came to an end in 1806. **4. verscherzten,** *trifled away, lost through his own fault.* **5. nicht werde auf sich warten lassen,** *would not be slow coming.* **4. Taugenichts,** *good-for-nothing.*

II.

Page 13. — **1. Ich habe ein Hühnchen mit dir zu pflücken,** *I have a bone* (lit. a chicken) *to pick with you.* **2. aufgehende,** *ripping.* **3. vergäbest du deiner Pagenwürde nicht das Geringste,** *you wouldn't in the least lower your dignity as page, have to condescend from your position.* **4. Mütterchen oder Schwesterchen,** datives. **5. Du rümpfst die Stirne,** more commonly **die Nase rümpfen,** *you turn up your nose?* **6. Besteck,** *outfit,* here: *sewing-outfit.* **7. die Brandenburgerin;** Gustavus Adolphus was married to Maria Eleonore Princess of Brandenburg, who was born in 1599. **8. Edelsitz,** *nobleman's seat, estate.* **9. Etui,** French; a box or case into which its contents fit tightly. **10. Ich binde dir's auf's Gewissen,** *I lay it on your conscience.* **11. propre,** French; *proper, neat.*

Page 14. — **1. Den Teufel scher' ich mich um,** *what the devil do I care for.* **2. Raufdegen,** *rapier.* **2. Gust,** familiar abbreviation for

Augnst. 4. **Ich werde an dir zu erziehen haben,** *I'll have a good deal to teach you.* 5. **ohne Abbruch,** *without relaxation.* 6. **bis unter das Stirnhaar errötete,** *blushed to the roots of his hair.* 7. **folgenschweren,** *eventful.* 8. **hatte hoch leben lassen,** v. n. 19, p. 4. 9. **prophetische Formel;** a protestant Germany under him as king was G. A.'s fondest dream. 10. **eine zärtliche u. wilde . . . Fabel,** *a tale full of tenderness and pathos, full of bliss and trembling.*

Page 15. — 1. **diese,** i. e. achtzehn Jahre. *Are we not reminded of Goethe's Klärchen?* —

Freudvoll und leidvoll,
Gedankenvoll sein;
Langen und bangen
In schwebender Pein;
Himmelhoch jauchzend,
Zum Tode betrübt:
Glücklich allein
Ist die Seele, die liebt.

2. **eine Flucht,** *a quick succession.* 3. **soviel nur,** *just as much as.* 4. **Vorstunde,** *the hour before . . .* 5. **Junker,** from the old **Jungherr,** Mhg. juncherre, *a young nobleman,* also a country gentleman, *squire.* 6. **seinen neuen Pagen flüchtig ins Auge zu fassen,** *hastily to survey his new page.* 7. **So wurde dieser einer frechen Lüge überhoben,** *thus the latter was relieved of the necessity for a brazen lie.* 8. **Leibroß,** *charger.* 9. **Friedländers,** i. e. Gustavus Adolphus' great adversary, Albrecht Wenzel Eusebius von Wallenstein (properly Waldstein), duke of Friedland, Mecklenburg and Sagan, born in Bohemia in 1583, died 1634 (from the hands of assassins). 10. **Fuchs,** *bay (horse).* 11. **von jung an,** *from childhood.* 12. **weiland,** *of yore.*

Page 16. — **ausatmete,** *would breathe his last.* 2. **Wann,** for **wenn.** 3. **indem er den Neuling aufzog,** *by plaguing the novice,* (*alleging*) *that.* **4. Bügel = Steigbügel.** **5. Casse-cou,** French, lit. break-neck; *dare-devil.* **6. Lagerausdruck,** *camp-epithet.* **7. ließ er es sich nicht verdrießen,** *he did not tire.* **8. beizubringen,** *to instil.* **9. vertändeln,** *trifle away.* **10. Allotria,** from Greek ἀλλότριος, α, ον. strange, foreign; here, *jokes.* **zu treiben,** *to indulge in.* **11. zu schaffen machten,** *troubled.* **12. Da wurde Dame gezogen; Dame ziehen,** *to play checkers.* **13. Brettspiele,** lit. board-game, i. e. a game played on a board, as chess, backgammon, etc. **14. sehr guter Laune,** adv. genit.; *in very good humor.* **15. weiland,** v. n. 13, p. 15. **16. Brautfahrt,** *wooing-journey.* **17. Sie habe . . .** indir. discourse (scil. sagte er).

Page 17. — **1. Regisseur,** French; *stage-manager.* **2. befiel auch wohl,** *would befall.* **3. ein zu mißdeutendes,** part. fut. pass. **4. Blendwerk,** *delusion.* **5. Christel,** fam. for *Christine.* **6. dann geriet . . . Stimmung,** *then, having become re-assured, he would again give himself up to a boisterous humor.* **7. gab zum besten,** *told.* **8. Eva Brahe,** Comtesse Ebba de Brahe, born 1596, died 1654. G. A. succumbed to the charms of her beauty and accomplishments. He had at one time resolved to marry her, but yielded to the pressure brought to bear upon him by his mother. The Brahes were an old and rich family. **9. Jugendgeliebte, Jugend + Geliebte. De la Gardie,** Jacques, born 1583, died 1652. It was under his guidance that G. A. made his first ventures in arms, and he always remained a favorite of that prince. After the latter's death he became one of the tutors of queen Christine. He married Ebba de Brahe. **10. Zweittapferften,** —— *but one.*

Page 18. — **1. Denkspruch,** *motto, maxim, aphorism.* **2. Devise,** French; *devise.* **3. Wappensprüche,** the motto on an escutcheon. **4. Nondum,** Latin; *not yet, not as yet.* **5. Leibspruch,** *devise.* **Leib** = in many compounds signifies *favorite*, e. g. **Leibgericht,** favorite dish, **Leiblied,** favorite song. **6. mußte lauten,** *had to be.* **7. Quart-**

band, volume in quarto. 8. **Lakonischen**, *Laconic*, *Spartan*, i. e. terse 9. **Wesen**, *character*.

Page 19. — 1. **lautete**, v. n. 6. p. 18. 2. **Courte et bonne**, French; *brief and good*. 3. **Lehrhaft behaglich**, *with sententious comfort*. 4. **Zwickel**, v. n. 14. p. .4 5. **Epikurer**, now, **Epikuräer**, *Epicurean*. 6. **mein gnädiger Herr**, *my lord*. 7. **Flammenbündel**, '*fascicle of flames*.'

Page 20. — 1. **Lieblingsmetapher**, *favorite metaphor*. 2. **so möcht' ich**, *that would be my wish*. 3. **Tagesmüde**, *tired of day*. 4. **es darauf absehe**, *were designing*, *bent upon*. 5. **Prinzeßchens**, *little princess*.

Page 21. — 1. **schrieb einen kritzlichen, schmalen Buchstaben**, *wrote a scribbling*, *cramped hand*. 2. **zuschob**, *turned over to*. 3. **Die Pageneigenschaften**, *the characteristics of a page*. 4. **Geschichte**, *affair*. 5. **hatte** (scil. **es**) **an der Zeit gefunden**, *had thought it to be time*. 6. **der Christel zu bestellen**, *to get for Christel*. 7. **vorgenommene**, *resolved on*. 8. **edelschlanken** = **edel** (adv.) + **schlanken** (adj.). 9. **feingewölbte** = **fein** (adv.) + **gewölbte** (adj.). 10. **adeliges Ehrgefühl**, sense of honor, bred of noble birth. 11. **Luthertum**, *Lutheran spirit*. 12. **in der**, dat. fem.; as a rule, the names of cities are treated as neuter. — **modernen Babilon**, i. e. Rome.

Page 22. — 1. **habe es ihr angethan**, *had charmed her*, *won her heart*. 2. **lernte frisch drauf los**, *studied with might and main*. 3. **aufgeweckten Kopf**, *bright mind*. 4. **sich vergnügte**, *was enjoying herself*. 5. **die Kugeln**, etc. **herunterzubeten**, ironical; lit. by praying down the beads; *by telling the beads*. 6. **reißender**, *savage*. 7. **schlug die Hände über dem Kopfe zusammen**, *clasped my uplifted hands* (in surprise or terror). 8. **wurde zur weißen Bildsäule**, *grew as white as a statue*, 'as white as a sheet.' 9. **im Tiefsten erschüttert**, *shaken in his innermost depths*. 10. **die Gesellschaft Jesu**, lit. the Society of Jesus, i. e. the Jesuit fathers. 11. **drakonischen**, *draconian*,

i. e. summary. **12. ihm stand eine Halsstrafe bevor,** *he had to expect capital punishment.* **13. Gnade vor Recht ergehen ließ,** more commonly: **Gnade für R.,** lit. *let mercy have precedence over justice.* "Let mercy temper justice" (Shakespeare). **14. umgehend,** *at once.* **15. mit dem Mädchen seien nicht viel Worte zu machen,** *not to waste many words on the girl.* **16. die Sache,** scil. **sei.** **18. den Jesuiten schaffe man ohne Geschrei,** *to put the Jesuit without much ado.* **18. gefälschten,** *counterfeit, mock.* **19. schlankweg,** *readily, willingly.* **20. gen Himmel,** *heavenward.* **21. bildsam,** *pliable.*

Page 23. — **1. erging sich,** *perorated.* **2. Ampel,** from Mhg. ampel, Lat. ampulla; *astral lamp.* **3. eher im Selbst – als im Zwiegespräche,** *in soliloquy rather than dialogue.* **4. Verlarvungen,** *mummery.* **5. Halbdunkel,** *gloaming.* **6. bis zur Zerrüttung,** *to distraction.* **7. nichtigste,** *most insignificant.* **8. der Ärmste,** *the poor wretch.* **9. leicht zu Mute wurde ihm nur,** *he was only easy in his mind.* **10. beim Kopfe** (scil. **zu fassen**) **kriegte,** colloquial; *got hold of his head.*

Page 24. — **1. hatte den Angriff an sich gerissen,** *had taken the offensive.* **2. Panzerhemde = Panzerhemd;** *shirt of mail, chain-mail.* **3. Schmiedekunst,** *smith-craft.* **4. Geschmiede,** *work of smithery.* **5. im Vollwerte,** *in his full worth.* **6. wenn seine Stunde da sei,** *when his hour came.* **7. vom Wirbel zur Zehe,** *from top to toe.*

Page 25. — **1. richtenden,** *condemning.* **2. bald . . . bald . . .** *now . . . now.* **3. die,** demonstrative; *that.* **4. träumte,** used here impersonally, foll. by dative. **5. Fuchsstute,** *bay mare.* **6. Spätglut,** *evening glow.* **7. umklungen,** *surrounded by the sound.*

III.

Page 26. — **1. ihrer,** of them; part. gen. **2. die Herrschaften,** lit. the lordships, translate *gentlemen;* often this expression means: ladies and gentlemen, as in the formal address: **Meine Herrschaften.** **3. nicht allzu ehrerbietig,** lit. not altogether too reverential; *not as* *reverential as they might.* 4. **die Mehrzahl,** *most of them.* 5. **die ihren Mann stellten,** *each of whom could bear his part well* (in the fight). 6. **mit denen gerechnet werden mußte,** *who had to be taken into consideration.* 7. **hier nichts zu suchen hatte,** *had no business here.* 8. **war unter die Fahnen getreten,** *had enlisted.* 9. **ihn jammere,** 3. p. pr. subjunctive of the impersonal **es jammert (mich, dich,** etc.), which is followed by the accusative of the person who deplores and the genitive of the thing which is the cause of pity. 10. **hier außen,** *out here.* 11. **im Reiche,** pregnantly for: **im deutschen Reiche,** cf. 'States' for United States. 12. **Länderverkauf,** *sale of countries.* 13. **lauter,** *all of them.* 14. **helvetischen,** *Helvetian, Swiss.* 15. **sich hier eingefunden,** *come hither.* 16. **Sitteneinfalt,** *simplicity, artlessness.*

Page 27. — 1. **worauf die Franzosen brennen,** *for which the French have a burning desire.* 2. **wie sie nun einmal sind,** *such as they are.* 3. **Kniff die Augen,** *half-closed his eyes.* 4. **wirbelte,** *twirled.* 5. **Tugendbilde,** *image of virtue.* 6. **der Lauenburger,** the Duke of Lauenburg, charged by some historians with the death of Gustavus Adolphus. 7. **maß,** *surveyed.* 8. **Unadel,** *ignobleness.* 9. **bäurischen,** *boorish.* 10. **wie sie ihm sonst nicht eigen war,** *as was not his wont.* 11. **Pfui!** interjection of disgust; *fie!* 12. **Mir ekelt vor euch,** *I am disgusted with you.* 13. **Das Herz gällt mir im Leibe,** *my heart is filled with bitterness within me.*

Page 28. — **einlenkend,** *checking himself.* 2. **Bravour,** French, *valor, bravery.* 3. **ist nicht zu klagen,** *there can be no complaint.* 4. **so will ich mich mit euch herumhauen,** colloquial; *I'll fight with you.*—**daß die Fetzen fliegen,** slang expression; lit. that the shreds fly; *'till the hair flies.'* 5. **gaben sich die Miene,** *gave themselves* (assumed) *the air.* 6. **es fechte sich nicht sonderlich an,** *as though it didn't have much effect on them.* 7. **Schelte,** *scolding.* 8. **Standesgenossen,**

companions in rank; *comrades.* **9. Dreck;** contemptuous designation of something mean or insignificant; '*such a filthy nothing*'; the word is vulgar and to be avoided. **10. Generalgewaltigen,** *chief executioner.* **11. Profoß** (etym. Lat. propositus), executioner of an army, *gaoler.*

Page 29. — 1. dir darf ich nicht an den Kragen, colloquial; *I haven't power to 'get at you.'* **2. war er zusammengeschrocken,** *he had shrunk in terror.* **3. wurde zum Grauen,** *turned to horror.* **4. eine erkünstelte Lache aufschlug,** *broke into forced laughter* **5. Donnerwetter,** a strong ejaculation; '*thunder and lightning.*' **6. Pereat,** Latin, opposite of vivat; lit. may (Gust.) perish; *death to G.* **7. Es lebe,** *long live.*

Page 30. — 1. Libertät = Freiheit. 2. Machen wir ein Spielchen? *Shall we have a little game?* **3. ein Fäßchen Würzburger,** *a keg of Würzburg beer.* **4. Fürstlichkeit,** here concrete; *prince.* **5. Bedaure = ich bedaure. Euer Liebden,** a titular address no longer in use: *your Grace.* **Bin schon versagt,** *I have another engagement.* **6. Raugrafen; Raugraf (Rauhgraf),** title of a now extinct family of counts, in the upper Rhine region. **7. Du bist mir noch Revanche schuldig,** *you owe me a return-game.* **8. ein kurz angebundener Herr,** *a gentleman of not many words.* **9. ohne weiteres,** v. n. 5, p. 6. **10. entfüllte sich,** the „**ent**" has privative force; *became vacant.* **11. von Seinesgleichen,** *by (men of) his kind, class.* **12. Gebrandmarkte,** part. perf. of **brandmarken,** used as noun.

Page 31. — 1. richtig befundenen, *approved.*—**Salvokondukt,** *convoy, safe conduct.* **2. Es mochte sich handeln,** *it might have concerned.* **3. wie sie getroffen werden,** *such as are entered upon.* **4. verziehen,** *tarry.* **5. hielt ihn zurück,** scil. **mit dem Bedeuten. 6. mir ist,** *I have the impression.* **7. Gnaden zu dienen,** i. e. **Euer Gnaden z. d.;** *with your Grace's permission;* **zu dienen** is often used by inferiors in giving an answer; frequently it means 'yes.' **8. Thue mir . . .** subjunctive used imperatively.

Page 32. — 1. **Hauptmannschaft**, *captaincy.* — **sich jetzt nicht mehr recht schicken will**, *does no longer seem suited.* 2. **Das ist mir nun so geblieben**, *that has clung to me.* 3. **Freitreppe**, stair leading into a house; French 'perron.' 4. **gestoßen**, *offended.* 5. **saß**, *fitted.* — **wie angegossen**, v. n. 11, p. 10. 6. **starkgewölbten**, stark + gewölbten; *full.*

Page 33. — **stehe zu Diensten**, *am at your service.* 2. **Riemen**, probably a narrow room; no analogous reading could be found by the editor. 3. **das Unheimliche**, *the weirdness.* 4. **Wandspalte**, *cleft in the wall.* 5. **fixieren**, *stare.* 6. **Schachpartie**, *game of chess.* 7. **schaffenden**, *bringing about*; but the clause will be relative in Engl.

Page 34. — 1. **ich pflege**, *I am in the habit*; an exact equivalent of pflegen is the English to use = be accustomed, which, however, is not now employed in the present, but only in the imperfect. 2. **Memoirenwerke**, *book of memoirs.* 3. **gerichtlichen Deposition**, *deposition in court.* 4. **Admiral Coligny**, born 1517. He was the rival of Francis of Guise, but it is not likely that he had anything to do with the assassination of the latter, as is implied by the anecdote here related. 5. **oder wie der Mensch hieß**, *or whatever the fellow's name was.* 6. **Lothringer**, *Lorrainian*, i. e. François de Guise, surnamed Balafré (the Scarry), born 1519; slain by the hands of an assassin during the siege of Orleans, 1563. 7. **zu schaffen**, *to put.* 8. **und es stand bei dem Admiral**, *and it rested with the admiral.* 9. **zur Sache, Hoheit**, *let us proceed to business, your Highness.*

Page 35. — 1. **ins Werk gesetzt**, *planned, laid out.* 2. **Wenn ich daraus klug geworden bin**, *if I have made it out correctly.* **hätte**, etc.; the subjunctive in indirect discourse; the verb has to be expressed in English: he said, claimed, etc. 3. **wenn nicht daß**, *except that, save that.* 4. **Es handelte sich**, v. n. 2, p. 31. 5. **verschollenen**, *not heard from for many years.* 6. **Eine Erbsache**, *it was about a legacy.*

Page 36. — 1. **Indicien**, germanized from the Latin indicia; *circumstantial evidence.* 2. **nichtssagendes**, *inexpressive.* 3. **sitzt**, v. n. 5, p. 32.—**selbigem Herrn=demselben Herrn.**— **wie angegossen**, v. n. 11, p. 10. 4. **meines Leubelfings**; in modern diction **meines Leubelfing** would be considered better. 5. **ich bürge**, *I pledge myself.* 6. **täuschte es nicht**, *even though it did not deceive.* 7. **verderben**, a transitive verb, used here absolutely. 8. **durch seinen ungeheuerlichen Pakt**, *by his monstrous compact.* It will be remembered that Wallenstein, as Generalissimo, had powers wholly independent of and in some respects beyond those of the emperor himself. There seems, however, to be nothing 'monstrous' about this. 9. **Habsburger**, i. e. Ferdinand II., 1619–37. The dynasty of that family took their name from their seat on the river Aar. They ascended the imperial throne of Germany with Rudolph I., 1273. 10. **das Reich des Unausführbaren und Chimärischen**, *the realm of the impossible and chimerical.*

Page 37. — 1. **huldigte**, *gave credence.* Wallenstein, whose favorite lore was that of astrology, is said to have been very superstitious. 2. **an**, transl. *in.* 3. **sein Spiel trieb**, *had sway.* 4. **Armaden**, germanized from the Spanish (sing. armada); *army;* often it means fleet. 5. **Sternstellung**, *constellation.*

Page 38. — 1. **fast gemütlich**, *in an almost jovial manner.* 2. **Prinzeß = Prinzessin.** — **lernt brav**, *is making progress in her studies.* 3. **Mädchenpapa**, *girl's papa;* the duke of Friedland left no male progeny. He had one daughter, who was married to the Count Kaunitz. 4. **empfahl sich**, *took his leave.* 5. **welchem**, dative of interest, with the function of a possessive adjective. 6. **die Haare zu Berge getrieben hatte**, (*whose*) *hair the, etc . . . had made stand on end.* 7. **zurückwankend = zurück + wankend.** 8. **Was es mich koste**, *cost what it might.* 9. **Da er ungerufen blieb**, *as he was not summoned.* 10. **welche zu ihrer größern Hälfte**, *the greater part* (lit. half) *of which.* 11. **Wenn nicht,** except that. 12. **einmal hinwarf,** *casually remarked.* 13. **umgetrieben,** also **umhergetrieben** and **herumgetrieben; sich umtreiben,** *to rove, roam.*

Page 39. — 1. **erschütternden Scenen,** viz. the suicide of Corinna (see preface) and Gustavus Adolphus' encounter with the German nobles (p. 26 ff). 2. **freie Luft zu schöpfen,** *to breathe fresh air.* 3. **fast bis in die Tragweite,** *almost within the range.* 4. **sich zuziehen,** *bring upon himself.* 5. **dieser,** i. e. **der Verweis blieb aus,** *did not come forth.* 6. **Unordentlicher,** *untidy fellow.* 7. **und ich,** etc., more correctly, **habe ich,** etc. 8. **ihm,** dat. of interest. 9. **behüte,** subjunctive, used imperatively; common predicate of **Gott** and **Scharen.** 10. **Hufschlag,** *clatter of hoofs.* 11. **ließ anstellen,** *instituted.* 12. **Verbleiben,** *abode.* 13. **Freilich hatte er alle Hände voll zu thun,** *it is true, he had his hands full.* 14. **das Lager aufzuheben,** *to break up camp;* 'castra movere.' 15. **gestreckten Lauf,** *full gallop.* 16. **Lagerende = Lager + Ende.**

Page 40. — 1. **taghell = hell wie der Tag.** 2. **ging im Schritt,** *was walking;* French, "allait au pas." 3. **Doppelgänger,** *double.* 4. **der Gestrafte,** part. perf. used as noun. 5. **den Scheinklang seiner Stimme,** *a voice resembling his own.* 6. **Weibes genug,** *woman enough.* 7. **sann,** *was brooding.* 8. **Beschleichung,** *stealthy persecution.* 9. **besessen,** scil. **hatte.** 10. **ergreistem,** *gray.* 11. **verzog,** *distorted.* 12. **sinnt der junge Herr nach Hause?** *are the young gentleman's thoughts turning homewards?* 13. **nahm sich zusammen,** *made an effort.* 14. **abbrechen,** v. n. 14, p. 39. 15. **ich komme unter,** *I shall find a place;* the present for the future.

Page 41. — 1. **Lagerstraßen = Lager + Straßen abritt,** *was making the rounds.* 2. **sekundiert hatte,** *had been the second.* 3. **gelegen,** pluperf. with the auxiliary understood; **liegen,** as a military term, means *to be stationed.* 4. **Euer Gnaden,** lit. your Grace. It is not, however, used as the titular address of any one class of nobility.

So, for instance, any passenger is addressed as **‚Euer Gnaden'** by the hackmen of Vienna; *'your worship.'* 5. **wenn auch,** *even though.* 6. **mondenblaß = mondblaß.** 7. **seligen,** v. n. 9, p. 2; very often used reverentially of deceased persons. 8. **zum Erschrecken,** *enough to scare one.* 9. **eigentlich,** *properly, to be exact, rather.* 10. **Wildfang,** v. n. 6, p. 4. **der Gustel,** the article is often employed before proper names, more particularly in familiar discourse. 11. **Mondenlicht = Mondlicht.** 12. **Steigen wir ab,** *let us dismount.* 13. **plattgedrückt = platt.** 14. **Mache sich's der Herr bequem,** *make yourself comfortable, Sir.* 15. **Schragen** (etym. **schräg**), *trestle, camp-bed.*

Page 42. — 1. **dem Pagen,** dative of interest. 2. **Stirnhöhe,** *top of the brow.* 3. **Narre,** familiar for **Narr.** 4. **meinst,** scil. **du.** 5. **ungrische = ungarische. Fohlen = Füllen.** 6. **herzlich erschrocken,** *badly frightened.* 7. **selige,** v. n. 9, p. 2. 8. **Herzensfreund,** *bosom friend.* 9. **wie du es auch sein wirst,** *as, I suppose, you are too.* 10. **Alle Wetter,** ejaculation; lit. all weathers; *"thunder and lightning!"* 11. **treibst du dein Wesen,** *have you been carrying on your doings?* 12. **Schaust** (scil. **aus**). **accurat,** Latin, germanized; *just like.* 13. **dir,** v. n. 1, p. 42. 14. **mach' dir nur nicht vor,** *only you mustn't imagine for a moment.* 15. **Weibsbild,** *woman, 'female.'* 16. **mal,** abbrev. **einmal;** following an imperative, it may be rendered by *just.* 17. **keine Angst = Habe keine Angst.** 18. **kreuzbraves; kreuz** intensifies some adjectives in a laudatory sense; here, *thoroughly good, honest.* 19. **Übrigens,** *but then.* 20. **Schreihälse** (**Schrei + Hals**), i. e., *young children.* 21. **ausgehoben,** military term, *recruited.* 22. **Der denkbar beste Kerl,** *the best fellow imaginable.* 23. **weiter polterte,** *was blustering on.* 24. **Alle Wege,** *anyway.* 25. **ein starkes Stück,** *a strong bit* (of daring), *rather a bold performance.* 26. **Weibsen,** *females;* mildly contemptuous, often humoristic term.

Page 43. — 1. **Upsala,** capital of the Län of Upsala, province of Upland, Middle-Sweden. Has 20,000 inhabitants. The celebrated university of U. was founded in 1477. It was enriched by Gustavus Adolphus by the presentation of all his family possessions. Among the treasures of its library the most valuable is the 'Codex Argenteus' of Ulfilas. 2. **Monodrama** (etym. μόνος + δρᾶμα); a drama in which there is but one actor, i. e., a prolonged monologue; nowadays employed as solo-scene in comedy, 3. **mutterseelenallein,** *all alone.* 4. **tragiert,** germanized; *acts.* 5. **imaginiert,** germanized; *gives play to his fancy.* 6. **hast dir darauf eingebildet,** *hast piqued thyself upon it.* 7. **Deut,** *doit,* small coin; '*a tinker's dam.*' 8. **Halsgefährlich,** lit. dangerous for the neck, i. e., for the life. 9. **wurdest,** etc., abbrev. conditional clause. 10. **Pack dich,** *be gone!* 11. **demaskiert,** germanized from French démasquer; *unmasked.* 12. **Puh!** interjection of comical horror; *pooh!* 13. **so'n = so ein.** 14. **wann,** for **wenn.** 15. **Patchen,** dim. of **Pate** or **Patin.** 16. **abgeküßt,** *covered with kisses.* **daß es nur so klatschte!** *that it gave loud smacks.* 17. **was soll werden,** *what is to be done?* 18. **kurz und gut,** *to make it short.* 19. **Galopin,** French; *page, messenger.* 20. **auszureißen,** coll. *break away, run away.* 21. **führ' ich dich heim,** the present for the future. 22. **Gehöft,** *seat, country-place.* **Gefle,** in Gefleborgs-Län, Norrland, is the third commercial city in Sweden; has about 20,000 inhabitants. 23. **Axel** (Swedish) = Alexander. 24. **Für König und Vaterland!** a patriotic motto: *For king and country!* Here: fallen for king and country. 25. **Überbliebene = übrig gebliebene.** 26. **Falun,** capital of Dalarna (Dalekarlien) in Faln-Län, is situated in a valley between the lakes of Warpan, Tisken and Rum. Has 8000 inhabitants. 27. **Diener am Wort,** *minister of the gospel.*

Page 44. — 1. **Pate** may be used for both godfather and godchild. 2. **Wahrheitsbedürfnis,** *need of veracity, compulsory truthfulness.* 3. **dachte sich seine Sache,** *thought his share, had his own thoughts.*

4. **Konterfei**, *portrait.* 5. **sich entwerfen ließ**, *had delineated.* 6. **kann nichts dafür**, *cannot help, cannot be blamed for;* **ich kann nichts dafür**, *it is not my fault.* 7. **Es liegt in den Säften**, *it's in the blood.* 8. **Hase**, *hare;* i. e., *coward.* The hare is the symbol of cowardice. Cf. **Hasenfuß; das Hasenpanier ergreifen.** 9. **Lese**, *harvest;* also (scil. **Wein** =) *vintage.* 10. **in Züchten**, *demurely.* 11. **in die Kreuz und Quer**, *in all directions.* 12. **ihm durch die Locken zu fahren**, *to draw his hands through* (to play with) *his locks.* 13. **sich räuspern**, *clear his throat.* 14. **mit Augen**, *with his own eyes.* 15. **Naumburg**, on the river Saale, in the governmental district of Merseburg, province of Saxony, has about 18,000 inhabitants. 16. **nachsprengen**, *gallop after.*

Page 45. — 1. **wie ein ähnliches**, *the like of which.* **nur erst einmal**, *only once before.* 2. **in Jerusalem**, Mark xi. 3. **Hauptleuten**; compounds of **Mann** form their plural with **Leute: Zimmermann, Zimmerleute; Hauptmann, Hauptleute.** 4. **Hufschlag**, *kick.* 5. **übrigens**, *by the way.* 6. **greisen**, *venerable.* **Ortsgeistlichen**, *local clergyman, vicar.* 7. **überlaut**, *very loud.*

Page 46. — 1. **blachen**, *bleak.* 2. **Lützen**, Town in Prussian Saxony, ten miles S. W. of Leipsic. Here took place, Nov. 6, 1632, the bloodiest battle of the Thirty Years' War, in which neither side could claim the victory. Gustavus fell on this battle-field, as also General Pappenheim and many other commanders. 3. **sich zusammenzogen**, *concentrated themselves.* 4. **darin = worin, in welchem.** 5. **auf das hartnäckigste**, *in the most persistent manner;* compare **hartnäckig** (etym. **hart + Nacken**), with the English 'stiffnecked.' 6. **ob** *and if.* 7. **sich nicht um ihn zu kümmern**, *not to be concerned about him.* 8. **Unterkommen**, *shelter.* 9. **zur Rede gestellt**, *reproached.* 10. **Gestick**, *embroidery.* 11. **gesessen**, pluperfect, the auxiliary being understood.

Page 47. — 1. **ob**, . . . *did . . . ?* 2. **mein Stündlein**, *my time.*

3. ſo, *and so.* 4. da mögen die Lebenden zuſehen, *for that let the living look out.* 5. neben meiner Seligkeit, *next to my salvation.* 6. ungeheuchelt, *and this is the truth.* 7. Wort, pregnantly for Gotteswort; *scripture.* 8. Victorie = Sieg. 9. Breitenfeld, village of Saxony, 4 miles W. of Leipsic. Here Gustavus Adolphus overwhelmed Tilly, Sept. 7, 1631 (O. S.). 10. läßlichen, *passable, acceptable.* 11. Evangelium, *gospel.* 12. die deutſchen Dinge, latinism (res germanas), *the state of German affairs.* 13. ungeheuchelt, v. n. 6, p. 47. 14. darf, *must.* 15. unmöglich, *on no condition.* 16. evangeliſches, *protestant.* 17. herrſche, *shall not rule.*

Page 48. — 1. Denn es ſteht geſchrieben, *for it is written.* 2. letztlich, *lately.* 3. Dreizehnjährigen, *boy of thirteen.* 4. vorbeiziehend, *passing.* 5. Er wird, etc., Lutheran hymn. weiß = kennt, ſchon, *surely.* 6. reckte aus, *stretched forth.* 7. beweglichen, *touching.* 8. verlorenen Sohnes, *prodigal son.* 9. Vater, ich habe geſündigt in den Himmel und vor dir, etc. *Father, I have sinned against heaven and before thee, and am no more worthy to be called thy son.* Luke xv. 18, 19. 10. die ſich umſchlungen Haltenden, *the* (each other) *embracing ones.* 11. Verworfenen, *outcast.* 12. ein Wunder gewirkt, *wrought a miracle.*

Page 49. — 1. ſie, for er; perhaps intentional. 2. Lederwams, Leder + Wams. 3. Halsöffnung, Hals + Öffnung. 4. kugelfeſten, *bullet-proof.* 5. machte Miene, *prepared.* 6. fuhr, v. n. 12, p. 44. 7. Gib, scil. mir.

Page 50. — 1. Frau Ida, *dame Ida.* 2. Bußpſalmen, *penitential psalms.* 3. übrigens, by the way. 4. Knebelbarte = Zwickel, v. n. 14, p. 4. 5. verlebt, scil. hatte. 6. pochte es, impersonal; *some one knocked.* 7. geiſtergläubige, lit. ghost-believing, i. e. *superstitious.* 8. Fieberaugen, *feverish eyes.* 9. barhaupt, *bare-headed.* 10. geſehen, scil. hatte. 11. deſſen wohlgetroffener Holzſchnitt, *a good likeness in wood-cut of whom.*

Page 51. — 1. **anstoßenden,** *neighboring.* 2. **aufgebahrt,** *laid out.* 3. **wurde er ohnmächtig,** *he fainted.* 4. **in Proviantsachen,** *to see about the provisions.* 5. **nach verrichtetem Geschäfte,** *after he had completed his business;* 'rebus gestis.' 6. **zugeeilt,** with dat. *hastened toward.* 7. **Dorfgasse, Dorf + Gasse.** 8. **Kruge,** *inn.* 9. **stürzend,** *while swallowing, gulping down.* 10. **Mär = Nachricht.** 11. **gehalten,** scil. **habe.** 12. **seiner Sinne unmächtig,** *senseless.* 13. **Alle Teufel,** *the deuce.* 14. **doch wieder,** *after all again.* 15. **hat sich gehängt,** *flung herself.*

Page 52. — 1. **mit einem Altweibergesicht,** *with the face of an old woman.* 2. **einzutreiben,** *to collect.* 3. **sich herausgewagt,** *risked himself.* 4. **gestaute,** *blocked.* 5. **geraten,** part. perf., *having got.* 6. **salva guardia,** v. n. 1, p. 31. 7. **das Maul haltet,** *keep your mouth shut.* 8. **fuhr ihn an,** *harshly addressed him.* 9. **trat in das Mittel,** *interfered.* 10. **Herrschaften,** v. n. 2, p. 26. 11. **Fabelgeschöpf,** *fabulous, monstrous thing.* 12. **aus dieser armen Mücke machen,** cf. the saying: **aus einer Mücke** (also **Maus**) **einen Elephanten machen.** 13. **selige,** v. n. 9, p. 2. 14. **einverstanden = ich bin einverstanden.** 15. **geistlicher Herr,** *reverend Sir, your Reverence.*

Page 53. — 1. **auf mich gefahndet,** *prosecuted me.* 2. **Hol' mich, straf' mich,** v. n. 6, p. 11. 3. **ein Diener am Wort,** v. n. 27, p. 43. 4. **bürge ich,** v. n. 5, p. 36. 5. **ihr redet irre,** *you are wandering.* 6. **ehelicher,** *legitimate.* 7. **den und den,** *such and such a day.* 8. **Todes verblichen,** *with death departed.* 9. **Tages vorher,** *on the previous day.* 10. **pugnans cum rege Gustavo Adolpho,** Latin; *fighting under King G. A.* 11. **Fortiter pugnans,** *bravely fighting.* 12. **so will ich setzen,** *thus I shall have it inscribed.* 13. **Stündlein,** *last hour, hour of death.* 14. **verwinden,** *suppress, get over.* 15. **ob es schon = obschon es.**

Page 54. — 1. **ihr,** note gender. 2. **der brechenden Augen,** *of her eyes that were growing dim.* 3. **Sache,** *cause.* 4. **einunddasselbe** = **ein** + **und** + **das** + **selbe.** 5. **sich zu denken,** *to imagine.* 6. **nun,** *now that.* 7. **verewigt,** *dead,* 8. **Erbgang,** *succession.* 9. **doch,** makes this almost a rhetorical question; *I shall surely, etc.?* **nehme ich an mich,** *I shall assume.* 10. **sich erwehren,** with gen., *overcome, keep away.* 11. **hochgesinnten** = **hochsinnigen.** 12. **stehen,** *be inscribed.* 13. **euer höchstes Gut,** *your highest possession,* cf. „Das Leben ist der Güter höchstes nicht," Schiller, Braut von Messina. 14. **liebe,** contemptuously; *pitiful.*

Page 55. — 1. **über alledem,** *in the mean time.* 2. **Schragen,** v. n. 16, p. 41.

Joynes-Meissner German Grammar.

By EDWARD S. JOYNES, Prof. of Mod. Langs., S. C. College. Half leather. 390 pages. Price by mail, $1.25. Introduction price, $1.12.

THIS book aims to supply a want not heretofore met — of a German grammar at once sufficiently elementary and progressive for the beginner, and sufficiently systematic and complete for the advanced student, yet within reasonable limits of size and price.

The special circular on the book furnishes ample evidence that it has taken its place in the very front rank of grammars intended for class-room use. We quote the following: —

H. K. Schilling, *Asst. Prof. of German, Harvard Univ.:* A decidedly more useful book than the more scientific grammars now generally in use in our higher institutions.

Chas. E. Fay, *Prof. of Mod. Lang., Tufts Coll., Mass.:* I know of no grammar which seems to me so thoroughly to meet the needs of high school and college classes.

J. R. Holzworth, *Prof. of German, Syracuse Univ.:* We have used it several years. I regard it as the best German grammar in the country for elementary courses.

E. R. Ruggles, *Prof. of German, Dartmouth Coll.:* It is by far the best German grammar with which I am acquainted.

Professor Seiler, *Indiana State Normal School:* I give it my unqualified indorsement. I find it a first-rate working text.

Carla Wenckebach, *Prof. of German, Wellesley Coll.:* The best book of its kind. It gives all necessary grammatical information in a well-arranged system and in a clear and concise form; it is happy in illustration and practical in its exercises. I trust it will have the extended use it so richly deserves.

Sylvester Primer, *Prof. of Mod. Lang., Univ. of Texas:* I have used it and can give it my hearty recommendation as the very best text-book for acquiring a practical knowledge of German. It will prove the best German grammar either in America or Europe.

J. H. Gorrell, *Prof. of Mod. Langs., Wake Forest Univ.:* The longer I use it the more I am convinced that its superior as a working grammar of German has not yet appeared in this country.

H. E. Northrop, *Prof. of German, Brooklyn, Polytechnic Inst.:* It is giving great satisfaction.

Alternative English Exercises.

To accompany the *Joynes-Meissner Grammar.* By O. F. LEWIS of Tufts College. Paper. 54 pages. Introduction price, 15 cents.

THIS little pamphlet gives two sets of English exercises corresponding to the set in the *Joynes-Meissner Grammar*, and so enables the teacher to use a different set of exercises with three successive beginning classes, to avoid the yearly repetition of the same sentences.

Heath's Modern Language Series.

Introduction prices are quoted unless otherwise stated.

ADVANCED GERMAN TEXTS.

Holberg's Niels Klim. Selections edited by E. H. Babbitt of Columbia College. Paper. 64 pages. 20 cts.

Meyer's Gustav Adolfs Page. With full notes by Professor Heller of Washington University. Paper. 85 pages. 25 cts.

Schiller's Ballads. With introduction and notes by Professor Johnson of Bowdoin College. Cloth. 182 pages. 60 cts.

Scheffel's Trompeter von Säkkingen. Abridged and edited by Professor Wenckebach of Wellesley College. Cloth. Illustrated. 197 pages. 70 cts.

Scheffel's Ekkehard. Abridged and edited by Professor Carla Wenckebach of Wellesley College. Cloth. 241 pages. 70 cts.

Freytag's Aus dem Staat Friedrichs des Grossen. With notes by Professor Hagar of Owens' College, England. Boards. 123 pages. 25 cts.

Freytag's Rittmeister von Alt-Rosen. With introduction and notes by Professor Hatfield of Northwestern University. Cloth. 213 pages. 70 cts.

Lessing's Minna von Barnhelm. With introduction and notes by Professor Primer of the University of Texas. Cloth. 216 pages. 60 cts.

Lessing's Nathan der Weise. With introduction and notes by Professor Primer of the University of Texas. Cloth. 338 pages. $1.00.

Lessing's Emilia Galotti. With introduction and notes by Professor Winkler of the University of Michigan. Cloth. 169 pages. 60 cts.

Goethe's Sesenheim. From *Dichtung und Wahrheit*. With notes by Professor Huss of Princeton. Paper. 90 pages. 25 cts.

Goethe's Meisterwerke. The most attractive and interesting portions of Goethe's prose and poetical writings, with copious notes by Dr. Bernhardt of Washington. Cloth. 285 pages. $1.50.

Goethe's Dichtung und Wahrheit. (I–IV.) With introduction and notes by Professor C. A. Buchheim of King's College, London. Cloth. 339 pages. $1.00.

Goethe's Hermann und Dorothea. With introduction, notes, bibliography, and index by Professor Hewett of Cornell University. Cloth. 293 pages. 80 cts.

Goethe's Iphigenie. With introduction, notes and a bibliography by Professor L. A. Rhoades of the University of Illinois. Cloth. 170 pages. 70 cts.

Goethe's Torquato Tasso. With introduction and notes by Professor Thomas of Columbia University. Cloth. 245 pages. 75 cts.

Goethe's Faust. Part I. With introduction and notes by Professor Thomas of Columbia University. Cloth. 435 pages. $1.12.

Goethe's Faust. Part II. With introduction and notes by Professor Thomas of Columbia University. Cloth. 000 pages.

Heine's Poems. Selected and edited with notes by Professor White of Cornell University Cloth. 232 pages. 75 cts.

Gore's German Science Reader. Introductory reader of scientific German. Notes and vocabulary, by Professor Gore of Columbian University. Cloth. 195 pages. 75 cts.

Hodges's Scientific German. Part I consists of exercises in German and English, the sentences being selected from text-books on science. Part II consists of scientific essays, followed by a German-English and English-German vocabulary. Cloth. 203 pages. 75 cts.

Wenckebach's Deutsche Literaturgeschichte. Vol. I (to 1100 A.D.) with *Musterstücke*. Boards. 212 pages. 50 cts.

Wenckebach's Meisterwerke des Mittelalters. Selections from translations in modern German of the masterpieces of the Middle Ages. Cloth. 300 pages. $1.26.

Heath's Modern Language Series.

Introduction prices are quoted unless otherwise stated.

INTERMEDIATE FRENCH TEXTS.

Pailleron's Le Monde où l'on s'ennuie. A comedy with notes by Professor Pendleton of Bethany College, W. Va. Boards. 138 pages. 30 cts.

Souvestre's Le Mari de Mme de Solange. With notes by Professor Super of Dickinson College. Paper. 59 pages. 20 cts.

Historiettes Modernes, Vol. I. Short modern stories, selected and edited, with notes, by C. Fontaine, Director of French in the High Schools of Washington, D. C. Cloth. 162 pages. 60 cts.

Historiettes Modernes, Vol. II. Short stories as above. Cloth. 160 pages. 60 cts.

Fleurs de France. A collection of short and choice French stories of recent date, with notes by C. Fontaine, Washington, D. C. Cloth, 158 pages. 60 cts.

Sandeau's Mlle de la Seiglière. With introduction and notes by Professor Warren of Adelbert College. Paper. 158 pages. 30 cts.

Souvestre's Un Philosophe sous les Toits. With notes and vocabulary by Professor Frazer of the University of Toronto. Cloth. 283 pages. 80 cts.
——— Without vocabulary. Cloth. 178 pages. 50 cts.

Souvestre's Les Confessions d'un Ouvrier. With notes by Professor Super of Dickinson College. Paper. 127 pages. 30 cts.

Augier's Le Gendre de M. Poirier. One of the masterpieces of modern Comedy. Edited by Professor B. W. Wells, of the University of the South. Boards. 118 pages, 30 cts.

Mérimée's Colomba. With notes by Professor J. A. Fontaine of Bryn Mawr College. 192 pages. Cloth, 60 cts.; boards, 35 cts.

Mérimée's Chronique du Règne de Charles IX. With notes by Professor P. Desages, Cheltenham College, England. Paper. 119 pages. 25 cts.

Sand's La Mare au Diable. With notes by Professor F. C. de Sumichrast of Harvard. Boards. 122 pages. 25 cts.

Sand's La Petite Fadette. With notes by F. Aston-Binns, Balliol College, Oxford. England. Boards. 142 pages. 30 cts.

De Vigny's Le Cachet Rouge. With notes by Professor Fortier of Tulane University. Paper. 60 pages. 20 cents.

De Vigny's La Canne de Jonc. Edited by Professor V. J. T. Spiers, with Introduction by Professor Cohn of Harvard. Boards. 218 pages. 40 cts.

Victor Hugo's La Chute. From *Les Misérables.* Edited with notes by Professor Huss of Princeton. Boards. 97 pages. 25 cts.

Erckmann-Chatrian's Waterloo. Abridged and annotated by Professor O. B. Super of Dickinson College. Boards. 189 pages. 35 cts.

Champfleury's Le Violon de Faïence. With notes by Professor Clovis Bévenot Mason College, England. Paper. 118 pages. 25 cts.

Gautier's Voyage en Espagne. With notes by H. C. Steel. Paper. 112 pages. 25 cts.

Balzac's Le Curé de Tours. With notes by Professor C. R. Carter, Wellington College, England. Boards. 98 pages. 25 cts.

Daudet's La Belle-Nivernaise. With notes by Professor Boïelle of Dulwich College, England. Boards. 104 pages. 25 cts.

Theuriet's Bigarreau. With notes by C. Fontaine, Washington, D.C. Boards. 68 pages. 25 cts.

Chateaubriand's Atala. Edited by Professor Kuhns of Wesleyan University, Middletown, Conn. Boards. 000 pages. 00 cts.

CPSIA information can be obtained at www.ICGtesting.com
Printed in the USA
BVOW062310040712

294424BV00003B/18/P

9 781141 242177